MILONGA DE AMOR

CAP 1

"Aaron, sono Gioia, ho bisogno di un consiglio"
"Gioietta! Che succede? Ti sei invaghita di nuovo di una ragazza etero?"
"Piantala di fare lo spiritoso. Si tratta di mia sorella"
"E' lesbica pure lei? Che famiglia!"
"No, ma sta per sposare un omosessuale. Latente o no, non lo so"
"Accidenti, non c'è più religione; sono rimasto solo io …" sghignazzò Aaron.
"Smettila, Aaron, sono molto preoccupata".
Il tono allarmato di Gioia pose fine al sarcasmo e alle punzecchiature di Aaron. "Okay, vediamoci".
Poche ore dopo Aaron e Gioia discutevano animatamente. Avevano due caratterini coi fiocchi tutti e due, erano fortemente ironici e si adoravano. Gioia sapeva di poter contare su Aaron, sui suoi consigli spassionati e sulla sua spietata sincerità; inoltre, benché Aaron fingesse il contrario, aveva una buona dose di sensibilità e Gioia, che lo conosceva più di chiunque altro, lo sapeva.
"Non puoi suggerire a tua sorella di lasciare Carlo perché hai la *percezione* che sia gay!"
"Lo so, ma ci sono tanti, troppi elementi che confermano la mia tesi. Primo, è molto bello, ha ventisette anni ed è ancora vergine!"
"Questo lo etichetta come idiota patentato, ma non come gay"
"… e vuole mantenere la verginità fino al matrimonio" completò Gioia con un sorrisino compiaciuto.
Infatti adesso aveva ottenuto tutta l'attenzione di Aaron. Aaron la contraddiceva per il puro gusto di farla arrabbiare, ma quella era un'argomentazione tosta.
"In effetti, qualcosa di strano c'è. Tua sorella ti ha raccontato se fanno 'qualcosa'? Magari è davvero un puro eccetera"
"No, un po' è discreta, un po' sa che sentire certe cose mi fa rabbrividire. Lo definisce sensibile, comprensivo, profondo, dolce e, a quanto ne so, non sono esattamente attributi maschili. Poi c'è tutta una serie di elementi, luoghi comuni certo, ma ci sono tutti: non gli piace nessuno sport e adora la danza classica, si veste come un damerino, si depila, gesticola come una femmina … Io vorrei che tu lo conoscessi, Aaron. Mi fido del tuo giudizio. Ti prego" aggiunse Gioia e Aaron si intenerì: per quanto la sua amica si vantasse di essere una dura, Aaron sapeva bene quanto fosse buona e generosa.
"Stai tranquilla, Gioietta, ti aiuto io. Tua sorella è carina o è un maschiaccio come te? Nel primo caso potrei sedurla!" propose Aaron.
"Anita è bellissima. Ma tu hai avuto troppe ragazze, non mi fido …"
"Solo perché non ho ancora trovato la donna dei miei sogni, non sono un playboy irriducibile, dovresti saperlo"
"Il punto è che la donna dei tuoi sogni appartiene – appunto – al mondo dei sogni. Cioè non esiste"
"Va bene, conoscerò questo Carlo. Mi devi un favore" cambiò abilmente discorso Aaron.
"No, sei in debito con me per averti liberato della siciliana" puntualizzò Gioia sghignazzando.
"Hai ragione, avevo cercato di dimenticare l'increscioso episodio" rise Aaron.
Poi architettarono insieme una serie di situazioni per 'fare uscire allo scoperto' Carlo e organizzarono un incontro.

"Carlo non ama le feste, lo sai Gioia"
"Ma che festa, questa è una cosuccia, siamo in quattro! E poi ti presento il mio amico Aaron, il mio alter ego: è un vero scandalo che tu non l'abbia ancora conosciuto"
"Affare fatto, allora. Convinco Carlo, sennò vengo da sola. Sono proprio curiosa: quell'argentino dev'essere davvero un personaggio per piacerti così tanto"

"Lo vedrai tu stessa. Mi raccomando, portati dietro Carlo, sembra un ottantenne, sempre a casa!".
Anita sorrise teneramente pensando al fidanzato e Gioia si sentì un verme.
Anita guardava il mondo con gli occhiali rosa e tendeva a cancellare i difetti e a nascondersi dietro ai sogni; se però le cose stavano come supponeva, il sorriso di Anita si sarebbe spento ben presto e definitivamente. E Anita non lo meritava. Era una ragazza bellissima, ma ciò non le aveva impedito di coltivare anche altre doti, prima tra tutte una sensibilità acuta, ben celata dal lato brioso e godereccio del carattere: era proprio quella sensibilità che l'aveva inevitabilmente spinta verso Carlo, benché la sua natura impetuosa richiedesse un tipo completamente diverso. Ma Anita sapeva che un rapporto tutto sesso alla fine l'avrebbe lasciata infelice, piena di rimpianti per quel suo cuore così romantico; e aveva scelto di istinto di sacrificare un po' la sensualità per tuffarsi in un mare di poesia. Non si può avere tutto dalla vita, no?
Anita non era mai stata felice, fino a quando non aveva conosciuto Carlo: anima artistica, Carlo l'aveva trascinata in un mondo parallelo dove non esisteva altro che la purezza di sentimenti. Le scriveva poesie, dipingeva i suoi ritratti illuminati dalla luna, suonava melodie composte per lei al pianoforte: tutto a livello molto mediocre, ma ad Anita giustamente importava il sentimento, essere la musa ispiratrice di un artista la riempiva di gioia.
No, il loro matrimonio non sarebbe stato come quello degli altri, pronto ad arenarsi al primo ostacolo: era più speciale, più profondo, più poetico. E, quando finalmente il suo corpo si fosse unito a quello di Carlo, sarebbe stato il volo di due anime pure fino al paradiso.

Quel sabato sera Anita si sentiva stranamente inquieta, come se stesse per accaderle qualcosa di irrimediabile. E, quando vide per la prima volta lo splendido profilo di Aaron, dopo un tragitto in auto pieno di apprensione, Anita ebbe conferma che sarebbe stato meglio starsene a casa, al sicuro.
Nello stesso momento l'amico fraterno di sua sorella volse gli occhi e li sbatté sfacciatamente addosso alla bellissima ragazza che era entrata in quel momento: occhi ardenti, colati nell'inchiostro nero, che spiccavano in un viso che era un inno alla perfezione maschile. Anita pensò per un attimo che Gioia le avesse giocato un tiro mancino, poi realizzò che, probabilmente, per sua sorella, Aaron e Woody Allen avevano lo stesso sex appeal.
Anita si sforzò di atteggiare il viso ad un'espressione indifferente, ma le riuscì appena per pochi secondi, dato che Aaron si stava deliberatamente dirigendo verso di lei, osservandola, sorridendole, seducendola già a distanza.
Il passo da leone, la camicia bianca sbottonata con le maniche rimboccate, lo sguardo dritto e sicuro, Aaron le si avvicinò per poi sovrastarla e farla sentire pericolosamente indifesa. Era ben consapevole di avere la situazione nelle proprie mani, dato che le guance di Anita avevano preso fuoco e le labbra di lei si erano involontariamente socchiuse solo a vederlo.
Aaron sapeva come trattare le donne, come farle sentire in paradiso, come sedurle; a ciò si aggiungevano il fascino da bel tenebroso, la vivace e sfacciata sensualità, l'intelligenza brillante e un carattere positivo e godereccio.
Certo Anita non era un bersaglio semplice, dato che c'era di mezzo un ostacolo non indifferente: Carlo, suo fidanzato e promesso sposo. Aaron lo avrebbe liquidato facilmente, se fosse stato soltanto *un* fidanzato (quanti fidanzamenti aveva sciolto, di quanti mariti aveva deliziato l'annoiata moglie?); ma Anita – secondo quanto gli aveva raccontato Gioia - non era una ragazza come le altre.
Molte si fidanzavano e si sposavano semplicemente perché era il momento di farlo, oppure per abitudine, senza porsi troppe domande; Anita invece era una ragazza seria, motivata nella sua scelta, devota, teneramente innamorata del suo fidanzato e ancora vergine.
"Anita! Finalmente ti conosco!" le sorrise, sollevandole il polso delicato e posandovi un bacio come un cavaliere d'altri tempi. Gesto fuori moda, quasi plateale, che sarebbe apparso persino ridicolo se gli occhi scuri di Aaron non avessero brillato di una luce tutt'altro che romantica e se quel bacio galante non fosse stato prolungato ben oltre i limiti del consentito.

"E' davvero un piacere" le disse sorridendole di nuovo, continuando a tenere la delicata manina di Anita tra le sue.

"Anche per me, non ho mai sentito Gioia decantare le lodi di qualcuno con tanta convinzione" affermò Anita con un sorriso che si augurava fosse amichevole e non rivelasse nulla del turbamento che stava

provando.

"Siamo molto simili, per me è come una sorella" disse Aaron, con uno sguardo di profonda tenerezza rivolto a Gioia.

Quando quegli occhi si addolcivano erano ancora più belli, pensò rapidamente Anita, chiedendosi di nuovo che cosa le stesse succedendo e perché quell'uomo suscitasse in lei pensieri di quel tipo.

Poi Aaron si voltò di nuovo verso di lei: occhi neri pieni di promesse, occhi che rubavano la pace non appena li si incontrava, occhi che avevano spezzato il cuore a chissà quante donne.

"E il tuo fidanzato?"

"Arriva più tardi"

"Io non lascerei mai la mia fidanzata sola con un altro uomo, soprattutto una ragazza della tua bellezza".

"Carlo si fida ciecamente di me, il nostro amore è così grande e puro che … " . Anita si interruppe, perdendo vistosamente il filo del discorso, dato che Aaron non staccava gli occhi dai suoi e la guardava con tanta intensità con quei magnifici occhi neri da farle tremare le ginocchia. Ma la seduzione aveva un prezzo molto alto: Aaron se ne accorse quando sentì il fiato venirgli meno, mentre si perdeva negli occhi blu di Anita.

D'altronde, aveva di fronte la ragazza più bella che avesse mai visto: i capelli biondissimi le sfioravano i fianchi in modo impudico, lisci eppure morbidamente ondulati sulle punte e gli occhi erano di un blu cobalto straordinario. La bocca carnosa, il corpo sensuale, l'abito bianco che le fasciava ogni curva erano un invito al sogno proibito; eppure, a colpire stranamente Aaron, fu la dolcezza del viso di Anita: non aveva mai incontrato tanta bellezza e tanta sensualità fuse a tanta dolcezza.

"Fantastica" sussurrò infatti, dopo essersi accorto che la stava divorando con lo sguardo.

"Oh, un messaggio di Carlo" disse Anita sorridendo, leggendo il messaggio del suo fidanzato. Adesso sarebbe stata finalmente al sicuro, lontano da quegli occhi color onice che la attiravano come due calamite, lontano dalle tentazioni. Si illudeva che, con la presenza di Carlo, le cose andassero a posto, che tutto tornasse come prima.

"Carlo si scusa, è stato trattenuto da una riunione di lavoro e farà più tardi del previsto. Ma io mangio per due" enfatizzò Anita per cambiare discorso.

"Davvero? Non si direbbe" osservò Aaron con un'altra occhiata che la abbracciava tutta.

"Avete già fatto amicizia, vedo! - intervenne Gioia – E Carlo?". Se Carlo non arrivava, il piano non avrebbe funzionato, anche se …

Non aveva mai visto gli occhi di Anita brillare in quel modo, pensò Gioia. Poi guardò il suo amico e si accorse che Aaron aveva nello sguardo la stessa luce di Anita. Colpo di fulmine, ragazzi? Sarebbe stato magnifico: avrebbe avuto per cognato il suo migliore amico e non quel rammollito di Carlo. E, più ci pensava, più l'idea prendeva corpo e le piaceva. Se solo quella peste di Aaron avesse messo la testa a posto, però! Altrimenti Anita sarebbe passata direttamente dalla padella nella brace.

Ad Aaron bastò un'occhiata a Carlo per comprendere perché Anita si fosse innamorata di lui: lineamenti perfetti, un sorriso rassicurante, la stessa espressione dolce di Anita. Bellissimo e dolcissimo, proprio come la sua fidanzata; che non fosse certo il classico macho, non implicava che fosse omosessuale. Che ad Anita piacesse quel tipo di uomo efebico e non il tipo mediterraneo sciupafemmine come lui? La sfida si presentava più difficile del previsto.

"Aaron, sai che Anita balla il tango? E' una delle migliori del suo corso" intervenne poco dopo Gioia, sapendo di pigiare il tasto giusto, dato che Aaron era argentino.

"Non esagerare, Gioia!" arrossì Anita.

"Non fare la modesta, Anita. Hai anche vinto dei premi!"

"Allora una sera usciamo a ballare insieme" propose Aaron, dimenticandosi completamente di Carlo.

"Sono fidanzata, Aaron" gli ricordò infatti Anita.

"Chiedo scusa a tutti e due, quando sento parlare di tango perdo la bussola. Balli anche tu il tango?" cambiò allora Aaron rivolgendosi a Carlo. No, a occhio non era tipo, sembrava più adatto a Strauss.

"Anita mi chiede spesso di iscrivermi perché deve sempre ballare con i partner spaiati, ma sarebbe una violenza alla mia indole. Perché non andate voi due?".

"Ottima idea!" intervenne subito Gioia cogliendo la palla al balzo.

"Carlo!" si meravigliò giustamente Anita.

"Così avresti un amico con cui fare coppia e mi lasceresti in pace" sorrise Carlo con l'aria più ingenua del mondo.

Aaron non credeva alle sue orecchie: era come se Carlo gli avesse offerto Anita su un vassoio d'argento. Non poteva essere così ingenuo: allora qualcosa che non andava c'era!

"A me farebbe un immenso piacere ma, ovviamente, dipende da te, Anita" rispose immediatamente Aaron, dopo un altro sguardo mozzafiato.

"Ti ringrazio, Aaron, ma mi sentirei … imbarazzata ad uscire regolarmente con un altro uomo, anche se soltanto per ballare. Tu conosci il tango, è una danza molto … intima" disse arrossendo tutta. Aaron le lanciò un'occhiata d'intesa, fin troppo consapevole. Io so che tu sai che io so: siamo fatti della stessa pasta, baby.

"Come preferisci, Anita. Se cambi idea, chiamami"

"Certo, grazie". Accidenti, perché aveva il fiato corto ogni volta che incontrava quegli occhi e non riusciva a rilassarsi?

"Chi vuole l'ultima *empanada?*"

"Io" ridacchiò Anita che aveva già fatto il bis e aveva divorato una bella fetta di *tortilla*.

"Purchè tu abbia ancora un po' di spazio per il *dulce de leche*" sorrise Aaron ironico.

"Io ho sempre spazio per le cose buone! Le donne argentine devono essere tutte sfasciate!" commentò Anita con la mano davanti alla bocca per nascondere il boccone.

"No, fanno molta ginnastica" disse Aaron con un guizzo birichino negli occhi; Anita arrossì vistosamente e abbassò precipitosamente gli occhi, il sangue che le scorreva velocemente nelle vene.

"A cosa stai pensando, Anita? Io mi riferivo al ballo" la prese in giro Aaron facendola arrossire ancora di più.

Né Carlo intervenne, con una battuta scherzosa che liberasse la sua fidanzata dall'imbarazzo. Anzi, cominciò a chiacchierare delle opere di Borges, come se non avesse nemmeno sentito lo scambio di battute.

"Io invece adoro Lionel Messi" disse Aaron serio.

"Ah sì? Non lo conosco. Me lo scrivo. Puoi consigliarmi anche qualche titolo?"

Gioia guardava fuori dalla finestra per non rovinare lo scherzo al suo amico; poi dovette fingere di andare in cucina, per poter ascoltare e ridere in santa pace. Anita invece guardava Aaron meravigliata, incerta se il poeta di cui parlava Aaron fosse un omonimo del grande calciatore.

"Dio del campo" rispose Aaron serafico.

"Grazie, davvero"

"Di nulla. Segnati anche Diego Armando Maradona" insistette Aaron, sempre serio. Stava esagerando, ma non se ne pentiva di certo, perché gli occhi di Anita brillavano di puro divertimento: la bella italiana aveva compreso la burla e stava al gioco, sforzandosi di non scoppiare a ridere.

"*El pibe de oro*" suggerì serio. E Carlo, puntuale, segnò il titolo, mostrandolo poi ad Aaron per controllare di averlo scritto correttamente.

Quando però Carlo confidò ad Anita "Spero di trovarli in una buona traduzione", la sua fidanzata esplose in una risata di gusto, imitata subito dopo da Aaron e da Gioia, ormai rientrata per partecipare all'ilarità generale.

Non che Aaron fosse un ignorante, era ingegnere informatico e leggere gli piaceva; ma certo non riusciva a seguire i voli pindarici di Carlo. Gioia invece sbuffava annoiata, chiedendosi come facesse sua sorella a sopportare un uomo così pesante e, soprattutto, incapace di comprendere che gli altri non avevano sempre i suoi stessi interessi.

Anita invece, dimenticato lo scherzo bonario di Aaron, lo ascoltava incantata. "Che dolce che sei, amore" gli disse poco dopo e Carlo le sorrise teneramente.

Accidenti, quei due viaggiavano sullo stesso binario. Che diavolo si era messa in testa Gioia? pensò Aaron. Eppure gli sguardi che Anita gli lanciava involontariamente, le sue guance che arrossivano ogni volta che le rivolgeva la parola, l'agitazione che la spingeva Anita a toccarsi i capelli raccogliendoli con una mano e poi rilasciandoli o a tormentare gli orecchini, erano segnali inequivocabili di nervosismo. Era soltanto timidezza o c'era dell'altro?

La stessa Anita, pur consapevole che Aaron aveva uno strano potere su di lei, non riusciva a decifrarne il significato e attribuiva tutto al carattere dominante ed esuberante di Aaron che la metteva in soggezione.

CAP 2

"Anita? Sono Aaron. Mi ha dato il tuo numero Gioia. Ho masterizzato un cd con tango argentino e mi sono permesso di fartene una copia. Possiamo vederci?"

"Grazie, sei molto gentile. Guarda, questa sera Gioia si ferma a cena da me perché Carlo è fuori città. Puoi unirti a noi: certo non cucino manicaretti come i tuoi, sono a livello 'appena commestibile' "

"Accetto con piacere l'invito, l'importante è la compagnia. A che ora?"

"Va bene alle sette e mezzo? Ti do l'indirizzo"

Poi Aaron telefonò a Gioia. "Gioia, stasera la tua macchina farà brutti scherzi e arriverai da tua sorella con minimo un'ora di ritardo"

"Scusa Aaron, ti sei dato ai tarocchi?"

"No". E Aaron svelò a Gioia le sue intenzioni.

"Un momento. Anita non è il tipo di ragazza usa e getta cui sei abituato. Lei è sensibile e ..." si preoccupò Gioia.

"Lo so, l'ho capito. Ma sei tu che hai avuto l'idea di coinvolgermi e, siccome sono ehm *molto coinvolto* adesso si gioca a modo mio"

"Non sono sicura di essere d'accordo, qui si gioca sulla pelle di mia sorella"

"Se aspetti che Anita lasci Carlo perché comprende che non è il tipo adatto a lei, rassegnati. E' incantata come un cobra da quel poetuncolo da strapazzo e soltanto un intervento massiccio e qualificato ..."

"Ma a te piace sul serio?" chiese Gioia preoccupata.

"Assomiglia molto alla donna dei miei sogni"

E, con questa frase storica, Aaron chiuse la conversazione, lasciando la sua amica senza parole.

Gli occhi di Anita si sforzarono di sostenere quelli di Aaron, non appena varcò la soglia di casa sua, ma dovettero poi fingere di essere concentrati su altro: era difficile non perdersi nello sguardo nero di Aaron senza che gli ormoni non partissero a razzo ed era difficile non sentirsi imbarazzata di fronte a lui.

Non che Aaron fosse aggressivo, soprattutto non con lei, ma anche nella gentilezza con la quale le si rivolgeva e nel suo modo di fare galante, si percepiva un'indole decisamente virile. E Anita era abituata alla dolcezza di Carlo, con cui poteva fare il bello e il cattivo tempo e con cui si sentiva a proprio agio.

"Ascoltiamo il cd?"

"Perché no?"

Aaron sorrise tra sé, preparandosi alla stoccata successiva, mentre inseriva il cd nello stereo.

"E … balliamo?"

"No, io … mi vergogno" arrossì Anita, che tremava al solo pensiero che Aaron la sfiorasse.

"Non ci vede nessuno!"

"Non ho confidenza con te"

"E dai, Anita! A scuola di tango balli col primo che capita! Senti che musica, questo è il mio preferito, si chiama *Milonga de amor*"

E, prima che Anita potesse ribellarsi, Aaron le cinse delicatamente la vita. Comandava lui, era evidente: non le restava che obbedire.

Stretta ad Aaron, Anita si sentì vacillare pericolosamente, poi fu trascinata in un'altra dimensione, una sorta di incontrollabile euforia le sciolse le membra e non poté fare altro che lasciarsi andare.

Aaron era un ballerino esperto ed appassionato e, soprattutto, esprimeva nelle figure del tango le innumerevoli sensazioni che il corpo di Anita abbandonato alla danza insieme al suo gli faceva provare.

Anita stessa aveva la sensazione che una parte di sé, quella razionale, fosse seduta sul divano, mentre quella istintiva fosse lì, a farsi guidare dal corpo di Aaron.

La musica si spense e Anita si lasciò cadere all'indietro in un sensuale *casché*, mentre Aaron la sosteneva; poi, gli occhi neri che ardevano come braci, Aaron la attirò inevitabilmente contro di sé per baciarla appassionatamente, esigendo e provocando una risposta da parte sua; si muoveva con esperta precisione, solleticando la sua sensualità, costringendola a cedere; e Anita sprofondava sempre di più, incapace di fermarsi, di dire alla sirena del desiderio di non allettarla.

La voce di Gioia riportò entrambi alla realtà: si guardarono smarriti, increduli, gli occhi fin troppo luminosi … Accidenti, le aveva detto di arrivare più tardi, brontolò Aaron tra sé.

"Oh, stavate ballando? Continuate pure, non fatevi problemi per me" sentenziò ironica, calcando la voce su quel *ballando*.

Poi Gioia tacque, godendosi la scena: Aaron cingeva ancora la vita sottile di Anita e l'altra mano era scivolata lungo il fianco, ma le accarezzava inconsciamente un braccio. E Anita aveva le mani posate sul torace muscoloso di Aaron: per allontanarlo o per sostenersi?

"Ragazzi?"

Aaron fu il primo a riprendersi, passandosi imbarazzato la mano tra i capelli neri. "Niente scuola di tango" sentenziò Aaron, guardando Anita, come se quella fosse stata la domanda di Gioia.

"No, niente tango" rispose Anita con un filo di voce.

"Non siete compatibili?" chiese Gioia con un sorrisino strafottente.

"Vado a scaldare l'arrosto …" biascicò Anita e si allontanò quasi di corsa verso la cucina.

"Che è successo?"

"Quello non era tango, era fare l'amore con il tango di sottofondo … qualcosa di inimmaginabile" confessò Aaron turbato.

Gioia annuì. L'espressione di Aaron la diceva lunga su come dovesse essere stato quel tango.

"Vado da Anita"

"Come stai, sorellina?"

"Come vuoi che stia?" Anita sollevò gli occhi su sua sorella e Gioia vi lesse lo stesso turbamento di Aaron, in dose centuplicata.

"Non è la fine del mondo. Prevedibile, direi"

"Sto per sposarmi, Gioia!"

"Forse non stai per sposare l'uomo giusto, se sei così confusa" commentò Gioia serafica.

"Non succederà più, non deve succedere più. E' solo chimica" disse più per convincere se stessa che Gioia.

"Anita, non sei incinta, nessuno ti obbliga …"

"Ne riparliamo dopo, adesso dobbiamo cenare, anche se mi è passata la fame"

Anita ritornò in soggiorno, apparentemente calma e determinata; in fondo poteva anche succedere, cos' è un bacio tra due adulti?

Ma le bastò che gli occhi di Aaron cercassero i suoi perché le sue convinzioni crollassero come un castello di carte.

Ormai Anita conosceva bene quegli occhi: erano occhi pericolosi, di un nero liquido che sembrava trascinarla in un abisso senza fine. Conosceva tutto di lui, i folti capelli corvini, gli zigomi alti, le labbra dal taglio nettamente sensuale, il naso classico. E poi quel corpo possente e slanciato, che sovrastava la maggior parte degli uomini e quelle spalle ampie che ne accentuavano l'imponenza ...

Per non parlare del bacio: passionale, caldo e selvaggio, eppure velato di una dolcezza così irresistibile da farle perdere completamente il controllo. Quanta esperienza aveva Aaron? Quante donne aveva baciato prima di lei?

Tutta colpa di Carlo, ammise Anita un attimo dopo. Se solo fosse stato diverso, se almeno l'avesse accarezzata, non avrebbe certo desiderato un altro uomo. Tutta colpa di Gioia, che le aveva presentato quel magnifico esemplare di maschio. Tutta colpa della sua sensualità che non riusciva a sopire e, anzi, in quel periodo stava affiorando, spingendola a ribellarsi alla calma piatta di Carlo.

"Carlo ha poi trovato le poesie di Messi e Maradona?" chiese Aaron per stemperare la tensione e rompere il silenzio. Ah, quella voce bassa, calda, dal forte accento straniero, capace di regalarle brividi solo a sentirla!

Anita si impose di stare calma, sorrise e parve rilassarsi. "Ogni tanto Carlo ha bisogno di qualcuno che lo freni e lo faccia tornare sulla terra". Parlare era ancora possibile, nonostante tutto.

Però la mano affusolata di Aaron poggiata sul tavolo le scatenava una voglia pazza di essere accarezzata: chissà come sapeva muovere bene le mani, sentirle su di sé durante il tango era stato meraviglioso! Aaron le sorrise, come se intuisse i suoi pensieri più intimi e Anita sentì le guance prendere fuoco.

"Mi hai promesso la ricetta delle *empanadas*" gli ricordò per distrarsi, per distrarlo.

"Quando vuoi, *querida*".

Continuarono a chiacchierare, Aaron le descrisse la sua terra, alcune usanze e infine passò a raccontarle del suo lavoro di programmatore. Saltava di palo in frasca, inventava aneddoti, dimenticava di concludere le frasi: il pensiero di tutti e due era sempre lì, era come se il tempo si fosse fermato e fossero ancora abbracciati, a baciarsi.

A testimoniarlo, mentre le parlava di computer, gli occhi di Aaron scivolarono sulle labbra di Anita e vi si soffermarono per poi regalarle uno sguardo caldo e intenso.

"Ho perso il filo del discorso ..." ammise poi candidamente, mentre Gioia sgranava gli occhi: il suo amico esperto e sbruffone si stava comportando come un quindicenne!

"Anch'io, non è facile seguirti con tutti quei termini strani" confessò Anita e Aaron le sorrise di nuovo, come se gli avesse appena proposto chissà cosa.

Per quella sera poteva bastare e, arrivate le undici, Aaron salutò le due ragazze. "Lava bene i piatti, eh Gioia! E dà anche una passata al pavimento, visto che ci sei! So che sono cose da femminucce, ma devi aiutare tua sorella!" rise Aaron salutando la sua amica e guadagnandosi una botta in testa.

Poi riservò uno sguardo e un tono di voce ben diverso ad Anita: "Grazie per la deliziosa compagnia"

"Grazie a te, Aaron. E scusa se la cena non era proprio tanto buona"

"Adesso ho capito perché avevi tutta quella fame! A casa tua non mangi!" rise Aaron.

Poi aggiunse malizioso: "Sappimi dire se ti piace il cd". E, con una fugace carezza sulla guancia di Anita e un altro sguardo da infarto, Aaron si chiuse la porta alle spalle.

Mezz'ora dopo, squillò il cellulare di Anita.

"Anita, disturbo? Stavi già dormendo?". Accidenti, non era Carlo. Quella voce, quell'accento ...

"No, stavo leggendo". A dire il vero cercava di leggere per non pensare al tango, ma perdeva continuamente il filo del discorso.

"Senti ... non sei arrabbiata con me, vero?"

"Non avresti dovuto farlo, Aaron, ma io non ti ho certo tirato un calcio. E sono io quella fidanzata"

"Ti ho chiamato per scusarmi, ma non ne sono pentito, Anita. E' stato meraviglioso".

"Il … il … tango è molto … sensuale e … ci siamo lasciati trascinare. Non parliamone più".

Accidenti, stava balbettando!

"Buonanotte, piccola"

"Buonanotte, Aaron".

Tutta colpa di Carlo, si ripeté Anita dopo una notte insonne. E' vero, Aaron era un uomo dotato di un sex appeal sopra le righe, possedeva un magnetismo latino cui difficilmente una donna avrebbe potuto resistere. Ma Carlo era altrettanto bello ed era molto più affidabile di Aaron. Carlo era l'uomo giusto da sposare, Aaron era fatto per un paio di notti infuocate e poi arrivederci.

E poi Aaron non è romantico e io ho bisogno di poesia, di tenerezza, di coccole … Figurati Aaron che fa le coccole. E tu come lo sai? Quanto lo conosci? Appunto, è solo sesso. Maledetto tango.

"Io ti offro la più alta forma di amore, l'amore platonico e tu mi stai chiedendo di fare sesso?!".

Carlo era letteralmente sconvolto, la ragazza che aveva di fronte gli sembrava una sconosciuta.

"Non dico fare l'amore …"

"Cosa ti prende, Anita?"

"Ho bisogno di te …". No, ho bisogno di stordirmi per dimenticare Aaron e i suoi occhi magnetici.

"Calmati, per piacere"

"Io ti amo, Carlo! Ti desidero e …"

"C'è una mostra fantastica sui Pre-Impressionisti, potremmo andarci domani. Anita! Ma cosa stai facendo? Sei impazzita?" le disse respingendola.

"Ti stavo solo abbracciando"

"Sì, ma ti strusciavi!" disse allibito.

"Non me ne sono resa conto. Carlo, siamo insieme da mesi, non c'è nulla di male se mi accarezzi! Con i miei ex fidanzati …"

"Non vorrai paragonarmi a quei tipi, vero? Scusami, ma a questo punto mi offendo"

"Comunque domani niente mostra, ho tango"

"Ancora con questa storia del tango, Anita: quello è un ballo popolare, volgare, al limite della pornografia. Speravo lo capissi da sola. Il valzer proprio non ti piace?"

CAP 3

"Lo so che non ami il calcio, Carlo, ma per una volta …"

"No. Mi dispiace, Anita, certe cose proprio non fanno per me. Non preoccuparti, esco con Alfredo"

"Può venire anche Alfredo"

"Odia il calcio più di me. Comunque va pure, se ti diverte tanto vedere quattro cretini che corrono dietro ad una palla"

"Ma così siamo dispari! Tre argentini contro due italiane!"

"Capirai che dramma! Ti accompagno da Gioia e passo a prenderti, va bene?"

"Sai, Aaron, Anita ha provato a cucinare i suoi *churros*, ma erano davvero improponibili. Del resto Anita in cucina non esprime esattamente il suo lato migliore" svelò Carlo, che era salito con Alfredo a casa di Aaron soltanto per salutare educatamente.

Aaron si voltò verso Anita con aria maliziosa. Stava pensando di chiedere a Carlo quale fosse il lato migliore della sua fidanzata, ma si trattenne.

"Devo darti lezioni private, Anita? Comunque mi fa piacere che provi a cucinare argentino".

L'espressione certo non parlava di cucina e le lezioni private sembravano andare in altre direzioni, infatti Anita arrossì, ma rispose: "Grazie per l'offerta, ma ho già chiesto aiuto a tua cognata"

"Ma Fatima non sa cucinare!" sghignazzò Paulo, il fratello di Aaron.

“Beh, ragazzi, divertitevi” disse Carlo, salutando tutti.
“Sicuramente”
“A che ora sarà finita la partita?”
“La accompagno io, Carlo, non scomodarti. E’ probabile che finiamo ai rigori. Faremo tardi” sentenziò Aaron.
“Fantastico, allora ci vediamo domani. Ciao a tutti”. E Carlo uscì con il suo amico. Che idiota, pensarono tutti: lasciare una ragazza come Anita nelle mani di Aaron!

“Fatima, potresti tradurre? Cosa ha detto Aaron contro Buffon?” chiese Anita all’inizio del secondo tempo sentendo il suo amico imprecare in spagnolo.
“Che bravo portiere, para meravigliosamente tutti i nostri tiri, sono proprio felice” tradusse Paulo.
“Consentimi di dubitare fortemente della tua traduzione!” rise Anita.
Per fortuna Aaron era seduto distante da lei, per fortuna a parte qualche occhiata bollente non l’aveva neppure sfiorata.
E, per fortuna, c’erano Paulo e Fatima, oltre a Gioia che la difendevano da qualsiasi approccio. O, almeno, così pensava l’innocente Anita.
Invece i due argentini erano stati debitamente informati della situazione e a Paulo era bastata un’occhiata a Carlo, ai riccioli d’oro di Alfredo e al suo inconcepibile comportamento verso Anita per classificarlo come omosessuale.
Aaron era più riflessivo e non ne era ancora certo, ma Paulo era un istintivo come Gioia e non gli ci era voluto molto per dare pienamente ragione alla sorella di Anita.
Mai visto un fidanzato che affida una ragazza splendida come Anita ad un altro uomo, per di più sangue caldo e bellissimo come Aaron; mai visto un fidanzato che non bacia la sua fidanzata per salutarla; mai visto un fidanzato così freddo, asettico, asessuato.
“Neanche ad Alfredo piace il calcio?”
“No, saranno andati a casa di Alfredo a guardarsi un film impegnato”
“Sembra una femmina”
“Chi?”
“Alfredo. Tutto biondo, effeminato. Spero di non trovarmi solo con lui in ascensore!” commentò Paulo, reprimendo comicamente un brivido.
“Aaron mi ha detto che sei una ballerina di tango fantastica” intervenne candidamente Fatima, cambiando discorso.
Anita ebbe la sensazione matematica che le sue guance fossero avvampate. “Me la cavo” balbettò.
“Non è vero, sei perfetta ed è bellissimo ballare con te” commentò Aaron con uno sguardo ardente.
“Grazie” gli rispose Anita troppo dolcemente.
Gli occhi di Aaron adesso non la lasciavano più e soltanto un calcio di punizione provvidenziale distolse la sua attenzione dal viso tutto agitato di Anita.
“Maledizione, era l’ultima occasione!” si lamentò Paulo.
“Sta calmo, amore”
“Mi consoli, dopo?”
“Certo, anche subito”.
“E io come faccio?” si lamentò comicamente Aaron.
“Hai due bellissime ragazze a disposizione e non sai cosa fare?”
“Guarda Paulo, solo al pensiero di un uomo che osa avvicinarsi sento lo stomaco che si rivolta” rise Gioia.
“E io sono fidanzata” gli ricordò Anita.
“Ma noi non lo diciamo a nessuno, resta tutto in famiglia! Vero Fatima?”
Alle undici e mezzo Aaron caricò tutti in auto. Come concordato preventivamente accompagnò prima suo fratello e Fatima, allo scopo di rimanere solo con Anita.
“Mi sono divertita un sacco, tuo fratello e Fatima sono molto simpatici”
“Si sposeranno l’anno prossimo, stanno organizzando il matrimonio più pazzo dell’anno”

"E tu? Cosa aspetti a mettere la testa a posto?"
"La donna dei miei sogni. Guarda che luna, Anita"
La scusa per fermare un attimo l'auto era perfetta.
"Non credo sia il caso …"
"Mi piacerebbe da pazzi ballare il tango con te al chiaro di luna, in una spiaggia deserta" disse
Aaron abbassando la voce e prendendole la mano.
Anita si voltò a guardarlo meravigliata. "Non credevo fossi romantico"
"Vuoi che ti racconti il seguito?" le chiese Aaron con gli occhi che brillavano maliziosi.
"Un'altra volta, ho la netta sensazione che il resto sia vietato ai minori …" sorrise Anita.
"La sensualità fa parte del gioco, ciò che conta è lo spirito con cui fai l'amore" le sussurrò Aaron
abbassando sensualmente la voce ed Anita sentì brividi bollenti correrle giù per la schiena.
"E' meglio che mi accompagni a casa, Aaron. Questi discorsi non si addicono a due amici"
"Amici? – si meravigliò Aaron, poi cedette - E va bene, ti riaccompagno a casa".
Adesso erano uno di fronte all'altra. Aaron fece un passo verso di lei e Anita sentì le ginocchia che
cominciavano a vacillare. Aaron sollevò una mano e lentamente, molto lentamente, le accarezzò la
guancia; gli occhi neri brillarono un po' ironici, sentendola trattenere il respiro.
Poi le prese le mani nelle sue, accarezzandogliele lievemente con i pollici e Anita si ritrovò a
desiderare che Aaron la baciasse.
Doveva essere la luna piena, oppure quel sogno che le aveva regalato: loro due a danzare il tango
sulla spiaggia illuminata dalla luna.
Invece Aaron se ne andò, posandole un innocente bacio sulla guancia, dopo essere rimasto a lungo a
guardarla, a sorriderle, a stringerle le mani.
E l'immagine del suo viso splendido continuò a tormentarla, rubandole il sonno …

"Gioia, sono in crisi" brontolò la mattina dopo Anita, al telefono con sua sorella.
"Aaron" intuì facilmente Gioia.
"Sì"
"E' successo qualcosa ieri sera?".
Anita riassunse a Gioia ciò che era successo, cioè sostanzialmente niente. Se ne rese conto proprio
parlandone con sua sorella.
"Mi ha solo accarezzato la guancia e tenuto le mani. Perché sono così turbata?"
"Quell'idea di ballare il tango in spiaggia, probabilmente immaginando anche il resto, ti è piaciuta
parecchio. O meglio, ti piace parecchio Aaron"
"Accidenti, Gioia, possibile che bastino due occhi neri a mandarmi in tilt? Sono così volubile?"
"Due occhi neri, la bellezza di Aaron, il tango, il bacio … e Carlo che è un idiota e non si muove"
sentenziò Gioia senza peli sulla lingua.
"Cosa?! Lui è semplicemente un puro, crede nel dono completo di sé solo nel momento delle nozze,
mi dona la forma più alta di amore, l'amore platonico!"
"Con l'amore platonico non puoi avere figli" sentenziò Gioia.
"Ma una volta sposati …"
"Non cambierà un bel niente. Deve avere qualche problemino di cui non ti ha parlato" buttò lì
Gioia.
Anita aggrottò le sopracciglia. Sapeva che Gioia non aveva grande simpatia per Carlo, ma supporre
addirittura che fosse un bugiardo, che nascondesse qualcosa …
"Comunque, se sei così coinvolta da Aaron, forse Carlo non è l'uomo giusto. Sei giovane e
bellissima, non è necessario che ti sposi subito. Intanto rifletti e fai chiarezza nel tuo cuore"

"E' dolce stare così, vero? Io mi sento in paradiso". Carlo ed Anita erano in spiaggia, teneramente
abbracciati, c'era una luna stupenda ed erano soli.
"Sì, è bellissimo" convenne Anita.

E allora perché sentiva quell'inquietudine così straziante? Perché la felicità non era più perfetta? E perché le veniva in mente quell'idea del tango con Aaron? Che sciocca, bastava ballare in spiaggia con Carlo e l'immagine del tango con Aaron sarebbe sfumata: chiodo scaccia chiodo.
"Balliamo?"
"Sei impazzita?"
"E' romantico, noi due soli, a dondolare sulla sabbia".
"Voglio recitarti una nuova poesia, credo sia adatta a questa serata magica. Vieni qui"
Anita, che si era già alzata, tornò a sedere. Evidentemente lei e Carlo erano su due pianeti diversi, pensò preoccupata. Poi, senza rendersene conto, si distese sulla sabbia, immaginando …
"Anita? Mi stai ascoltando?"
"Scusa, stavo sognando".
"Sei stupenda in questo momento, una dolce sirena"
"Oh baciami, baciami, baciami"
Carlo si sporse con un sorriso e le posò un bacio delicato sulla fronte. Anita lo guardò, così bello, col viso illuminato dalla luna.
"Sembri un principe delle fiabe"
"Oh tesoro"
Anita si mosse in modo che il suo corpo si stringesse a quello di Carlo. Gemette piano, incontrando i muscoli forti e gli tuffò la mano tra i capelli. Poi piegò le ginocchia, in un invito ad essere accarezzata.
Ma Carlo non si mosse, anzi si scansò per distendersi vicino a lei.
"Che splendida luna. Ci vorrebbe Chopin".
Anita sospirò. No, ci vorrebbe un tango. Maledizione, sempre il tango!
"Dovremmo cominciare a cercare casa, Anita. Io vorrei una casa di fronte al mare, con una bella terrazza per guardare la luna abbracciato a te come stasera. Poi accendiamo lo stereo, musica soffusa al pianoforte e sogniamo"
"Ma ci vorranno tanti soldi: una casa di fronte al mare, con almeno due camere costa. Per i primi tempi potremmo vivere da te. Hai una casa enorme!".
"Sai che i soldi non sono un problema per me. Perché almeno due camere?"
"Per i bimbi, no?"
"Intanto pensiamo a noi" sbuffò Carlo.
"Non ti piacciono i bambini?" si allarmò Anita.
"Non particolarmente"
"Io li adoro"
"Per la data hai qualche idea?"
"No … Sai, non vedo l'ora di dormire con te, di essere tua completamente … anche se la prima volta mi spaventa un poco" gli disse sognante, accoccolandosi più vicino.
"Accidenti, pensi sempre al sesso! Dai andiamo, ti accompagno a casa" disse Carlo alzandosi; quei discorsi gli rovinavano la poesia!
Ma, quando Anita chiuse la porta, dopo il bacio casto di Carlo, un magone ormai noto le strinse il cuore. E' solo il nervosismo delle spose, niente di più, si disse per tranquillizzarsi.

"Anita! Ma cosa combini?" brontolò José, il maestro di tango di Anita.
"Scusami, José". Accidenti, proprio *quel* tango, *Milonga de amor,* quello che aveva ballato con Aaron! Anita si rese conto drammaticamente che la musica o i passi sensuali del tango non avevano nessuna colpa; tutto il trasporto che ci aveva messo era dovuto soltanto al ballerino.
Infatti il ragazzo con cui stava danzando era decisamente attraente e passionale al punto giusto, ma le faceva l'effetto di un bicchiere di acqua fresca. Era nei guai, più di quanto pensasse.
Se solo Carlo si fosse comportato come qualsiasi altro fidanzato, probabilmente sarebbe rientrato tutto nei ranghi!

Se solo Aaron non avesse messo il dito nella piaga, spingendola a desiderare disperatamente proprio quello che le mancava!

Ma con Aaron le sarebbe mancato tutto il resto, rifletté Anita: romanticismo, tenerezza, poesia. Ne sei sicura, Anita? Non è forse Aaron che ti ha proposto quel tango in spiaggia? Non è romanticismo quello?

"Anita, va a casa. Stasera non ci sei con la testa e fai sbagliare anche Alberto"

"Io ... sì ... scusate".

"Ho chiesto a don Matteo la disponibilità delle date e mi ha detto che, se vogliamo sposarci in chiesa, dobbiamo frequentare il corso pre-matrimoniale: una noia mortale" esordì Carlo.

"E' più romantico"

"Va bene, allora possiamo cominciare tra due mercoledì. Alle nove di sera"

"Accidenti, il mercoledì sera ho tango!"

"Senti, Anita, una volta sposati il tango dovrai comunque lasciarlo, no? Quindi dacci un taglio adesso"

"Perché dovrei abbandonare il tango? E' un modo per tenermi in forma! E mi diverto!"

"Possiamo cercare un'altra attività da fare insieme! Ad esempio il valzer"

"Io odio il valzer!" esplose Anita.

"E io odio il tango!"

Anita si impose di calmarsi. "Salsa cubana? Rumba? Flamenco? Lambada?"

"Non ci siamo proprio. Liscio?"

"Liscio?! Ho ventiquattro anni?!"

"Sì, ma devi imparare a dominarti, a darti una calmata, a rilassarti ... Sei tutta fuoco, maledizione!"

"Dovrebbe piacerti ... " lo stuzzicò abbracciandolo.

"Ascoltami, Anita. In questo periodo sta emergendo un lato di te che non mi piace per niente". E Carlo, con grande delicatezza, si tolse le mani di Anita dal collo.

"Anch'io sono molto preoccupata, Carlo. Sembra che per te tutto quello che fa una coppia normale sia tabù e io ho un'indole diversa, non posso vivere solo di coccole"

"Ma cos'è questa fissazione per il sesso eh? All'inizio eri in paradiso solo se si teneva per mano!"

Anita scosse la testa. Aveva ragione Gioia, le cose non sarebbero cambiate con le nozze. Certo, avrebbero fatto l'amore ma con che frequenza? Per quante notti avrebbe guardato il soffitto, desiderando suo marito che dormiva pacificamente?

"Magari potremmo convivere per un po' e vedere se funziona. In fondo siamo giovani"

"Come preferisci"

CAP 4

"Senti, Gioia, tua sorella è innamorata di Carlo, fattene una ragione"

"Avevi promesso di aiutarmi!"

"Ho promesso di *esaminare* Carlo per capire se sia o no omosessuale. Potrebbe esserlo, ma non posso certo provarci con lui per saperlo. E poi, al giorno d'oggi, non è più un problema così grande; gli omosessuali possono anche sposarsi, lo sai meglio di me. Quindi opterei per qualche blocco risolvibile con sedute da un sessuologo. Ho provato anche a sedurre tua sorella: e avrebbe funzionato, se, appunto, non fosse stata innamorata di Carlo"

"Ma se è in crisi per colpa tua!"

"Beh, mi dimenticherà presto, perché non mi vedrà più. Non ho voglia di perdere la testa dietro ad Anita e di soffrire per niente"

"Ti piace sul serio ed hai paura di innamorarti" gongolò Gioia.

"Sì, lo ammetto. E non sono masochista"

“Anche ad Anita piaci sul serio, ma credo abbia una sorta di paura nei tuoi confronti: Carlo è rassicurante, tu la spaventi perché tiri fuori un lato del suo carattere che era sepolto”
“La risposta è no”
“Sei macho solo a parole, te la fai sotto di fronte ad una ragazzina vergine!” si arrabbiò Gioia.
“La ragazzina vergine sta per sposarsi”
“No, per ora non si sposa. Ha proposto a Carlo di convivere per capire se la situazione cambia e avere un anticipo della sua vita matrimoniale”
“Ecco appunto, tra poco sarò una donna soddisfatta …”
“Non credo proprio”
“Allora lo lascerà e tu sarai felice. In fondo hai ottenuto il tuo scopo, no? Ha dei dubbi su Carlo e, se Carlo le fa indossare la cintura di castità, lo lascia. Se invece si rivela un mandrillo esemplare, lo sposa al volo; ma, in quel caso, tu saresti tranquilla”
“Se ha questi dubbi è solo perché ha conosciuto te. Solo che ti ha inquadrato come una specie di Io-Tarzan-tu-Jane perché non le hai dimostrato altro. E lei è romantica”
“Questo non è vero: le ho detto che mi piacerebbe ballare il tango con lei in spiaggia con la luna piena” confessò Aaron.
“Sì, me lo ha detto. E non riusciva a togliersi quell’idea dalla testa perché è sensuale e follemente romantica, il mix che ha sempre desiderato. Ha persino proposto a Carlo di ballare in spiaggia per esorcizzare il tuo fantasma”.
Gli occhi di Aaron si spalancarono, poi divennero dolcissimi.
“Oh, beh allora … Organizzo un weekend nella casa sul lago di Paulo. Tu dovrai aiutarmi sorbendoti Carlo. Ma ti avverto: se non funziona, chiudo”

“Gioia, io non credo che tre giorni con Aaron siano una buona idea”
“Ti chiarisci le idee”
“No, me le confondo. Non lo vedo da quindici giorni e le cose con Carlo stanno migliorando. Sono di nuovo rilassata”
“Cioè fai lo struzzo”
“Con Aaron è solo attrazione fisica”
“No, è molto di più, sennò lo avresti già dimenticato”
“Non è l’uomo che fa per me”
“Sarebbe perfetto, invece: molto sensuale ma sotto sotto sensibile. Io lo conosco bene. Sennò non insisterei, ti pare? Un weekend non è la fine del mondo, Anita”
“Non so se Carlo accetterà”
“Digli che ti ha invitato Fatima. Al limite vieni senza di lui”
“In completa balia di Aaron? Figuriamoci!”
Anita tentò disperatamente di convincere il suo fidanzato, ma vi trovò il solito muro.
“Tre giorni a parlare di calcio, di tango e di chissà quali altre cretinate? No grazie”
“Non posso rifiutare l’invito di Fatima, sta nascendo una bella amicizia tra di noi”
“Ma perché non ti piace la gente normale? Vacci tu. Io invito Alfredo, non resto solo”.
Gelosia zero, si impensierì Gioia.
“Bingo! Carlo non viene” rivelò Gioia ad Aaron, dopo la telefonata di sua sorella.
“Non so se Carlo sia omosessuale, ma sono certo che è un idiota di primo livello. Meglio, comunque, così avrò ampio spazio di manovra. Tu, Paulo e Fatima siete miei complici: dovete sparire al momento giusto, parlare di tango, creare situazioni romantiche etc.”

“Benvenuta nella mia casa, Anita, sono felice di rivederti” disse Paulo gentilmente. Poi, con un tocco degno del suo carattere, aggiunse: “E lasciati abbracciare, bella bionda!” e la strinse con sincero affetto facendola roteare in aria e rischiando di rovesciare per terra il nel bouquet che Anita aveva acquistato per Fatima.

"Grazie a te, Paulo e a te, amica mia" rispose Anita, tendendo le braccia verso Fatima. Che strano, si sentiva a casa ed erano persone che conosceva da poco.
Nel frattempo anche Gioia abbracciava gli amici ed … entrava Aaron. All'improvviso cambiò la scena e tutto assunse tonalità diverse: come in un film d'amore, quando i due protagonisti si ritrovano e nulla li tocca, il chiasso si spegne, la folla scompare, il paesaggio di periferia diviene poesia.
Aaron incontrò gli occhi di Anita e, per la prima volta in vita sua, rimase muto, le parole che si era preparato per fare un'entrata da star gli scivolarono dalla mente. E Anita, prima che succedesse qualsiasi altra cosa, al fermarsi del suo cuore soltanto a rivederlo, comprese che mai avrebbe dimenticato quel viso, quegli occhi, Aaron.
"Ciao"
"Ciao"
Gioia, Fatima e Paulo si voltarono contemporaneamente, colpiti da quelle voci che vibravano come chitarre. Poi, senza nemmeno accordarsi, scomparvero in salotto per lasciarli soli.
"Quei due sono innamorati pazzi, lo pensate anche voi?" riassunse Paulo.
"Già. Accade qualcosa di grandioso, di commovente quando si guardano"
"Sono felice che tu sia qui" diceva intanto Aaron, prima di tenderle la mano e attirarla a sé per stringerla in un tenero abbraccio.
Anita si sciolse a fatica poco dopo, le ginocchia inesistenti: se cominciavano così, come sarebbe finita dopo tre giorni?
"Tieni, è una cosuccia di benvenuto"
"Un regalo? Per me?" si stupì Anita.
"Una sciocchezza"
"*Julio Florencio Cortazar*" lesse Anita.
"E' un poeta argentino che amo profondamente"
"Grazie. Non sapevo amassi la poesia"
"Non scrivo poesie, non suono e non dipingo come il tuo fidanzato, ma questo non implica che io sia insensibile" sbottò Aaron.
"Non ho mai detto una cosa del genere!" si difese Anita.
"Certo, non gioco a fare l'artista incompreso come Carlo e vivo con i piedi ben piantati per terra. Non potrei fare altrimenti, dato che provengo da una famiglia di immigrati" continuò amaro.
Carlo, a quanto gli aveva detto Gioia, possedeva persino titoli nobiliari. Ma Anita non sembrò colpita dall'informazione, bensì dall'atteggiamento ostile nei confronti di Carlo.
"Carlo non *gioca* a fare l'artista, è davvero un artista"
"Perché se lo può permettere. Io non posso permettermi di non lavorare e di dedicarmi alle mie passioni"
"Neanch'io, sono una persona normale"
"Se sposi Carlo …"
"Per ora non ci sposiamo"
"Come mai?". Perché gli occhi di Aaron brillavano in quel modo? Sembrava fosse consapevole di avere un ruolo in quella decisione.
"Perché non sono sicura che sposarlo sia la cosa giusta. Ci sono alcune incomprensioni che non vanno trascurate. Gli ho proposto di provare a convivere: voglio avere un quadro chiaro della situazione prima di rovinarmi la vita e rovinarla a Carlo. Ho solo ventiquattro anni, non c'è fretta".
Aaron stava per ribattere, ma fu interrotto da suo fratello. "Ehi, voi due! Ancora lì?"
"Scusate, ci siamo persi a chiacchierare. Vieni, ti faccio vedere la camera"
"Grazie"
Anita sentì il cuore che batteva all'impazzata solo al pensiero che Aaron fosse alle sue spalle in una camera da letto e faticò a frenare l'immagine di loro due sull'ampio letto che aveva di fronte.
"Ti piace?" le chiese la voce calda di Aaron, leggermente roca.
"Sì, è bellissima, piena di colore. Il rosso è il mio colore preferito"

"Immaginavo ti piacesse, una donna che ama il tango non può non amare il colore rosso. Rosso, rosso passione" sussurrò con una voce da brividi.

E, appunto, il fuoco della passione arse nei suoi occhi.

Erano le due di notte. Anita uscì in terrazza: non riusciva a prendere sonno. Quel pomeriggio a chiacchierare in veranda con Aaron e la cena al lume di candela, sebbene non fosse accaduto nulla oltre a un muto dialogo di sguardi, l'avevano spossata. Anzi, la gentilezza con cui Aaron aveva conversato con lei, la dolcezza con cui le si era rivolto, erano state ancora più letali del tango. Era maledettamente furbo!

"Non dormi?". Anita sobbalzò. Indossava una camicia da notte corta e certo non pensava, alle due di notte, di avere compagnia: non si era accorta che la terrazza era comune ad altre stanze, anzi alla stanza di Aaron …

Aaron sentì il sangue incendiarsi a vederla così scollata, i capelli sciolti e il viso acqua e sapone: bellissima, invitante, un sogno. E Anita per poco non sveniva a trovarselo improvvisamente di fronte a torso nudo, con addosso soltanto un paio di pantaloncini corti.

"Sei stupenda".

"Non sono nemmeno truccata!" sussurrò, con un filo di voce, cercando di non guardare quel corpo perfetto, così virile da darle alla testa.

"Così sei ancora più bella" le rispose Aaron convinto. E, in un attimo Anita si trovò tra le sue braccia. "Scusa, non riesco a trattenermi" le sussurrò, prima di baciarla con un impeto che la costrinse a rispondergli con la stessa identica disperata passione, ad abbracciarlo e a stringerlo. E come avrebbe potuto resistere anche solo un attimo?

Stretta tra le braccia di Aaron, cominciò a tremare come una foglia: desiderio, emozione, timidezza si mescolarono insieme.

Quella non era sensualità, era inesperienza, intuì Aaron e la sorprese con una tenerezza che Anita non si sarebbe mai aspettata da un tipo come lui. "Calmati, piccola" le disse accarezzandole i capelli.

Non voleva un cedimento temporaneo, voleva che Anita lasciasse il suo fidanzato per lui. E, per ottenere questo risultato, doveva dimostrarle che sapeva andare oltre il sesso e poteva offrirle le stesse cose di Carlo.

"Adesso torniamo a dormire. Domani facciamo una passeggiata e parliamo".

Ma, appena Aaron si scostò, Anita sentì le ginocchia che si piegavano e vacillò. "Mi tremano un po' le ginocchia" ammise sorridendo imbarazzata.

"Oh piccina". E Aaron se la prese in braccio, per poi depositarla delicatamente sul letto. In quel momento era proprio una bambina, pensò intenerito

"Adesso è meglio che vada, altrimenti non so dove andiamo a finire" le disse sorridendo. Poi, con un tenero bacio sulla guancia, tornò nella sua stanza.

Anita rimase con gli occhi sgranati a fissare la porta che si era chiusa alle sue spalle. Quello non era solo sesso: altrimenti Aaron ne avrebbe approfittato. E, soprattutto, non lo era per lei. Non sapeva dove l'avrebbe portata una storia con l'amico di sua sorella, non sapeva nemmeno se Aaron avesse intenzione di avere una storia con lei; ma certo quello che provava per Aaron metteva in discussione i suoi sentimenti per Carlo.

Senza che Anita se ne rendesse conto, col suo modo anomalo di comportarsi, Carlo aveva minato lentamente i suoi sentimenti per lui e, quando all'orizzonte era apparso Aaron, la situazione era precipitata. Probabilmente sarebbe accaduto comunque, anche senza Aaron: quel magone che sentiva ogni volta che Carlo le parlava di matrimonio, era un segnale inequivocabile che le cose non stavano andando per il verso giusto.

Anche quella sera Carlo aveva dimenticato di telefonarle e, quando Anita aveva provato a chiamarlo, aveva trovato il cellulare spento. E questo sapendo che la sua fidanzata era in compagnia di un uomo affascinante, che la corteggiava apertamente e aveva la sua stessa passione per un ballo sensuale come il tango. Quando incontrava il suo amico Alfredo, Carlo si dimenticava di lei e del mondo intero.

CAP 5

A colazione, tutti si accorsero che Anita ed Aaron erano taciturni, ma sorridenti; sembrava fossero in un altro pianeta, tutto loro. Quindi non si meravigliarono quando Aaron disse ad Anita: "Andiamo a fare quella passeggiata che ti ho promesso?"
"Va bene".
Gioia guardò sua sorella e quello che definiva 'fratello adottivo', come a dire 'e non mi raccontate niente?', ma non intervenne e controllò la curiosità.
"Beh, ragazzi, mi sa che stanotte è successo qualcosa tra i due piccioncini. Che ne dite?" commentò Fatima.
"Probabile, ma niente di definitivo, altrimenti ce lo avrebbero detto. Probabilmente sono ancora nel limbo"
"Strano, mio fratello di solito, a questo punto, ha già esaurito tutto il suo repertorio. Mi sa che Anita gli piace più di quanto abbia capito lui stesso" si stupì Paulo.
Stranamente, una volta usciti, nonostante la timidezza e l'imbarazzo della situazione, fu Anita ad aprire il discorso.
"Aaron, non so che opinione tu ti sia fatto di me. Voglio dire, una ragazza che sta per sposarsi e, appena il fidanzato gira l'angolo, ne bacia un altro in quel modo, non è certo una ragazza seria. Però, prima che mi giudichi, vorrei spiegarti alcune cose.
La mia storia con Carlo non è normale, non lo è mai stata: Carlo desidera che il nostro rapporto resti puro, ovvero asessuato fino al matrimonio. Ma io ho avuto altri ragazzi prima di lui e, anche se non ho mai … certe cose le conosco.
Ho provato tante volte a prendere l'iniziativa, ma Carlo mi ha sempre respinto. Lui non mi accarezza, non mi bacia, non fa nulla. In compenso mi scrive poesie, dipinge per me, compone canzoni su di me.
E poi sei apparso tu e … mi hai dato il colpo di grazia".
Anita arrossì tutta ed Aaron controllò a stento la voglia di riempirla di baci: voleva chiarire la situazione una volta per tutte.
"Anita, voglio essere sincero fino in fondo con te. Noi ci siamo conosciuti perché Gioia era preoccupata per te: voleva essere sicura che Carlo non ti prendesse in giro, proprio a causa di questa assenza di sessualità. Temeva che ti nascondesse … qualcosa e ha chiesto il mio aiuto"
"Ti ha chiesto di sedurmi?!" si allarmò Anita. E la sofferenza che sentì nel petto, pensando che Aaron avesse soltanto giocato, le chiarì quanto ormai l'affascinante argentino fosse divenuto importante per lei.
"No! Mi ha chiesto di capire che tipo fosse Carlo"
"Spiegati meglio, c'è qualcosa che mi sfugge"
Aaron sospirò. "Gioia sospetta che Carlo sia omosessuale"
"Cosa?!". Anita era sconvolta.
"Pensaci bene, Anita, sarebbe una spiegazione logica"
"Ma lui mi ama, vuole sposarmi!"
"E' amore platonico, ma non è attratto sessualmente da te. E, lascia che te lo dica, qualsiasi uomo farebbe carte false per metterti le mani addosso"
"Non può essere! Sarebbe tutto un inganno!"
"No, se non ne è consapevole"
"Quindi secondo Gioia e – deduco – secondo te il matrimonio non cambierebbe niente"
"No. Un ragazzo dotato della bellezza di Carlo, della sua cultura, della sua intelligenza, è sicuramente sempre stato pieno di ragazze. Il fatto che sia arrivato a ventisette anni senza fare

l'amore significa che il sesso non gli piace o non gli interessa oppure … non gli piacciono le ragazze. Ti sembra normale che ti abbia lasciato con me, che addirittura mi abbia proposto di ballare il tango con te, soprattutto dopo avere visto come ti guardo? E, modestamente, dopo aver visto che tipo sono?"

"Gioia doveva parlarmene, non mi piace quando si comporta in questo modo" si arrabbiò giustamente Anita.

"Non aveva prove, non ne abbiamo neanche adesso. Ma voleva avere un'altra opinione. Solo che io non avevo previsto che mi piacessi così tanto e la cosa è … degenerata" aggiunse dolcemente.

"Io … sono confusa"

"Lo immagino, però ho deciso di dirtelo perché non voglio che ci siano equivoci tra noi"

"Forse Alfredo non è solo un amico. Ieri Carlo non rispondeva al telefono e, ogni volta che esce con Alfredo, si dimentica di me" osservò Anita, come se parlasse a se stessa.

"Se fosse così non ti avrebbe chiesto di sposarlo, Anita. Sarebbe un mostro. Ai nostri giorni essere omosessuale per fortuna non è più un dramma. Forse Alfredo lo attrae e Carlo non riesce a capire perché o, meglio, non vuole capire perché. Si chiama omosessualità latente"

"Però, a questo punto, Carlo mi fa pena. Vorrei aiutarlo"

"Lo ami così tanto?" chiese Aaron preoccupato.

"Non sono sicura di amarlo, Aaron. Gli voglio molto bene, ma amore …"

"Bene, veniamo a noi. Io che ruolo ho in questa faccenda?"

"Se non fossi fidanzata, vorrei tanto ballare quel tango al chiaro di luna" ammise Anita, sorprendendo non poco Aaron.

"Lascia Carlo ed io esaudisco tutti i tuoi desideri come il genio della lampada" le rispose lui avvicinandosi. Oh, non c'erano dubbi a riguardo, pensò Anita abbandonandosi.

Le mani di Aaron scivolarono lungo il collo di Anita, scesero lungo le spalle e si fermarono sulle braccia, per poi tornare sul collo e scendere inesorabilmente nel solco tra i seni. Poi Aaron la strinse a sé per baciarla senza innocenza, infiammandola dalla testa ai piedi.

Anita non capiva più nulla, se non quelle mani, quella bocca che continuava a cercarla, a tormentarla, a sedurla, a farsi desiderare. Gettò la testa indietro per prendere fiato e le labbra di Aaron ne approfittarono per baciarle il collo, stuzzicandola delicatamente mentre Anita si lasciava sfuggire un gemito soffocato.

Ma non potevano certo continuare, poteva arrivare qualcuno e poi bisognava che la situazione si chiarisse. Ed Aaron a malincuore si fermò, prendendola per mano e continuando a chiacchierare, a chiedere, a capire. Anita senza rendersene conto diceva molto più di quanto desiderasse ed Aaron alla fine ebbe un quadro completo della situazione.

"Io … vorrei parlare con Carlo, prima di cominciare qualsiasi cosa con te"

"Certo, capisco. Anita, prenditi tutto il tempo che vuoi ma, se torni da me, fallo perché hai capito di aver messo una pietra definitiva alla tua storia con Carlo. Sennò lascia le cose come stanno e non ci vediamo più"

"A questo punto non riuscirei più a starti lontana" ammise Anita con semplicità.

Aaron si illuminò e la abbracciò di nuovo, stringendosela teneramente contro. Poi chinò la testa e, stavolta, il bacio fu di una dolcezza straripante che li lasciò storditi.

CAP 6

"Carlo, prima di traslocare da te, ho bisogno di parlarti e vorrei che, questa volta, andassimo fino in fondo"

"Va bene, cosa succede?" sbuffò Carlo.

"Noi stiamo vivendo una storia diversa da tutti gli altri e voglio capire perché: se hai qualche problema, posso aiutarti, voglio aiutarti. Nella buona e nella cattiva sorte, recita la formula matrimoniale. Ma devo sapere a cosa sto andando incontro prima di mettere la mia vita nelle tue mani. Ti prego, sii sincero con me”

“Okay, cosa vuoi sapere?”

“Quando saremo sposati … faremo l’amore? Mi desideri? Certe cose … ti piacciono?”

“A quanto pare il mondo gira intorno al sesso, vero Anita?” ribadì Carlo scocciato.

Non si preoccupava di quello che gli stava dicendo Anita, della piega negativa che sembravano aver preso le sue parole. Era annoiato da quei discorsi, stanco di quelle domande che andavano sempre nella stessa direzione.

“No, per me non è così e lo sai, altrimenti ti avrei già lasciato. Ma quando mi avvicino tu mi respingi, come se ti desse fastidio. Ci sono uomini che hanno il cosiddetto chiodo fisso e uomini di indole più tranquilla; io posso accettare un uomo di indole tranquilla, ma non l’assenza totale di attenzioni. Se è questo che mi stai offrendo, credo sia meglio …”

“Dicevi che ero il tuo sogno, che volevi vivere di arte e di romanticismo, invece sei come le altre”

“Non mi hai risposto” sottolineò Anita dolcemente.

“Quando saremo sposati, piano piano arriveremo a certe cose”

“Cosa significa piano piano?”

“Significa che non devo timbrare il cartellino e, per forza, alla prima notte … Non mettermi ansia!”

Quindi, neanche alla prima notte sarebbe successo nulla. Sarebbe mai successo nulla? Carlo non aveva neppure accennato a fare comunque ‘qualcosa’, quindi probabilmente le cose sarebbero continuate allo stesso modo. Avevano ragione Gioia ed Aaron.

“Carlo, non so quale sia il problema, forse non lo sai neanche tu, ma con queste premesse io non posso più stare con te. Fa’ chiarezza nel tuo cuore e cerca di capire, oppure parla con qualcuno che possa aiutarti”

“Cosa è successo all’improvviso?”

“Non è una cosa improvvisa, Carlo. Ogni volta che mi respingi, è una pugnalata. Forse non te ne rendi neanche conto, ma è così. Ci rovineremmo la vita, credimi. Ti vorrò sempre bene”

“Va bene, allora posso dire ad Alfredo che l’appartamento è libero, cercava casa e …”. Anita non riusciva a credere alle sue orecchie. L’indifferenza con cui Carlo accettava la notizia, il suo sollievo, il suo pensiero rivolto subito ad Alfredo …

“Non credi che la gente mormori vedendo due ragazzi che convivono? Soprattutto dato che Alfredo è piuttosto … effeminato?”

“La gente non sa fare altro che mormorare e non l’ho mai tenuta in considerazione. Ciao, Anita, buona fortuna”

Ciao, buona fortuna! Dopo mesi in cui Carlo non faceva che recitarle poesie, dirle quanto l’amasse, fino alla romantica proposta di matrimonio di fronte ad un porticciolo! Anita sentì la rabbia travolgerla: il suo alter ego passionale si risvegliò, schiaffeggiato da quell’indifferenza.

“Ci tenevi proprio tanto a me! Valeva proprio la pena sposarci!” sbottò.

“Anita, stai dando spettacolo”

“Ma non hai appena detto che non tieni in considerazione nessuno? Ah, scusa, ma questo vale solo per Alfredino, boccoli d’oro! Io sono *solo* una donna!”

E, con queste parole amare, Anita chiuse il capitolo Carlo.

“Ho lasciato Carlo. Sarai contenta” confidò pochi secondi dopo a sua sorella, ancora piena di rabbia.

“A me non interessa con chi esci, Anita. Mi basta che tu sia felice. E con Carlo non lo eri di sicuro. Cosa è successo?”

Anita respirò profondamente per riprendere la calma. “Ci vediamo? Così ti racconto tutto, compreso il ‘romantico’ epilogo”.

Poco dopo, al corrente dei fatti, Gioia le propose: “Chiamiamo Aaron?”

“Mi tremano le ginocchia al solo pensiero. Non ha senso vero?”

Gioia la guardò attentamente e lesse nel turbamento di Anita tutto quello che doveva leggere.
"Certo che ha senso, Anita"
"E' solo che mi fa … paura. Lui è così sicuro, così maschio, certo sa bene come farmi perdere la testa e io sono inesperta"
"Aaron è uno scavezzacollo e gli piace il ruolo di macho, ma non è insensibile. Anzi, è molto più fragile di quanto pensi lui stesso. Soprattutto nei tuoi confronti. Dai, chiamalo".
Gioia sghignazzò vedendo, per ben tre volte, Anita digitare il numero di Aaron per poi cancellarlo.
"Non ho coraggio" ammise alla fine.
Gioia non se lo fece ripetere. "Aaron? Ti passo mia sorella: ti ho chiamato io perché se la faceva sotto solo a telefonarti" aggiunse perfida.
Anita afferrò il telefono con le mani gelide, ma Aaron prese subito la parola. "Davvero, *querida*, non avevi coraggio di chiamarmi? Che dolce! A che ora ci vediamo?"

L'emozione che Aaron lesse sul viso di Anita quando incontrò i suoi occhi gli sciolse il cuore. Ed era preoccupante, perché non si era mai intenerito così di fronte ad una donna, non aveva mai provato certi sentimenti se non con Anita.
"Ciao, piccola", le disse dolcemente, prima di abbracciarla. "Vieni, andiamo da me"
Seduta in auto vicino ad Aaron, Anita non riusciva a rilassarsi. Taceva, per paura che Aaron la prendesse in giro e la considerasse una ragazzina, sentendo la sua voce tremare. E fosse stata solo la voce! Aveva le mani sudate, le guance in fiamme e il cuore che batteva all'impazzata.
"Eccoci arrivati"
Sicuro di sé, tranquillo, padrone della situazione. O, almeno, così appariva all'esterno. E Anita si sentiva morire per l'emozione.
"Allora, raccontami tutto", le disse accomodandosi sul divano e facendole cenno di sedersi vicino a lui. Ma Anita rimase in piedi, per scaricare il nervosismo che la faceva gesticolare, andare su e giù, fare confusione, parlare in fretta senza quasi respirare.
"Calmati, Anita!" le disse Aaron interrompendola e alzandosi, posandole delicatamente le mani sulle spalle e sollevandole il viso. "Non succede niente, non ti faccio niente, le cose accadranno quando e se sarai pronta. Non ho portato qui per trascinarti a letto la prima sera, semplicemente questi non erano discorsi da fare per strada".
"Non ho paura di te. Sono solo tanto emozionata, non riesco a calmarmi" balbettò Anita vergognandosi della propria palese debolezza.
"Lo so, l'ho capito, ma non è il caso di essere così agitata, sai? Un po' di emozione al primo appuntamento va bene, tremare in questo modo è davvero troppo" le rispose Aaron dolcemente. E quando era dolce quel viso bellissimo la stregava ancora di più: il cuore di Anita perse un altro battito.
Poi Aaron ebbe un'idea: la prese per mano e con l'altra inserì un cd.
"Tango?"
"No, semplicemente un lento".
Danzarono in silenzio, dondolando appena, teneramente abbracciati. Era una situazione molto romantica e la musica era un canto struggente, traboccante di nostalgia; ma adesso Anita cominciava ad essere consapevole del corpo di Aaron stretto contro il suo, del suo torace imponente, delle sue mani affusolate che le massaggiavano la schiena, persino della peluria scura che si intravvedeva dalla camicia: tutta quella dolcezza, sciogliendole il cuore, tirava fuori a tradimento anche altre sensazioni. E quelle sensazioni avevano il sopravvento: era impossibile non provare desiderio, stretta tra quelle braccia forti.
Ingenuamente Anita sollevò il viso verso Aaron e annegò nel nero liquido dei suoi occhi, ritrovandovi la sua stessa ardente passione; e Aaron comprese al volo che non era più tempo di romanticismo.
Così se la prese in braccio e la sedette sulle sue ginocchia, continuando a baciarla, ad accarezzarla, a stringerla. Ma adesso le carezze erano maledettamente eccitanti: lentamente, le dita di Aaron

scivolarono sotto al vestito, stringendo un capezzolo tra il pollice e l'indice e poi cominciarono un erotico percorso si e giù sulla sua pelle nuda.

Anita si sentì morire e gemette stordita: era esattamente quello che desiderava e non riusciva a stare ferma, rabbrividiva ad ogni tocco, impazziva ad ogni carezza, gemeva per ogni bacio. E la realtà superava di gran lunga tutte le sue fantasie segrete su Aaron.

Aaron aveva fin troppa esperienza, sapeva bene come interpretare quei gemiti e cosa fare per attizzarli e provocarne altri. E gli piaceva immensamente provocarne altri! Così scivolò con la mano tra le cosce di Anita e, senza darle nemmeno il tempo di comprendere che cosa stesse accadendo, cominciò ad accarezzarla nella parte più profonda del suo corpo: su e giù, dentro e fuori e poi in circolo …

Anita si lasciò andare immediatamente a tutte le sensazioni che la stavano travolgendo inarrestabili, al piacere che le montava dentro come un'onda e la trascinava sempre più giù, verso l'esplosione finale. Né obiettivamente le sarebbe stato possibile fermarlo. Il godimento che provava era tale che non riusciva a non muoversi, era preda di un piacere irresistibile, continuava a contrarsi contro la mano di Aaron, per provare all'infinito quella gioia selvaggia …

"Aaron … Aaron … oh mio Dio!" gridò, senza riuscire a trattenersi.

"Sì, *querida,* godi … vieni per me" la incitò Aaron, muovendo le dita più a fondo, per farla impazzire ancora di più, mentre Anita precipitava nell'abisso urlando di piacere.

"Posso accarezzarti io adesso?" gli chiese poi ancora frastornata.

"Magari … non ce la faccio più"

Anita non aveva evidentemente esperienza, non sapeva bene come muoversi, ma Aaron perse la testa in un attimo, soltanto perché era lei a toccarlo in quel punto sensibile.

CAP 7

"Ragazzi, insieme siete fantastici. C'è un affiatamento che ho visto raramente. Anzi, potete rifarlo, così anche vi vedono anche gli altri?"

Aaron si mise in posizione e Anita lasciò che la conducesse di nuovo in quella danza che ogni volta nasceva diversa: ovviamente Aaron si era iscritto subito al corso di tango e, ovviamente, ogni volta erano scintille.

Gli altri ballerini li guardarono meravigliati, incantati dal perfetto coordinamento di passi che li faceva sembrare una cosa sola, ma soprattutto dalla passione e dal sentimento che mettevano in ogni figura. Poi li applaudirono.

"Non so come sono riuscito a non baciarti" le sussurrò Aaron, poi le scoccò un'occhiata così sensuale da farle aggrovigliare lo stomaco.

Anita non era sicura che ballare il tango con Aaron fosse una buona idea a livello 'artistico', dato che ogni volta finivano per uscire turbati dalla scuola di ballo tutti e due e, ogni volta, dormire era un'impresa ardua.

Non aveva mai provato un desiderio tanto intenso per un uomo; era in continua fibrillazione, soltanto a stargli vicino; e, quando la sfiorava, perdeva immediatamente la testa senza riuscire a frenarsi, bastava un attimo e aveva voglia di impazzire.

Quella sera Aaron era vestito completamente di bianco e la sua pelle naturalmente abbronzata, i capelli e gli occhi nerissimi, risaltavano magnificamente in quell'abbagliante candore. E poi la camicia sbottonata di un bottone di troppo che mostrava una virile peluria scura, il passo da torero nell'arena e quel continuo scambio di occhiate ardenti le toglievano il fiato e Anita non riusciva a togliergli gli occhi di dosso. Ma non era soltanto attrazione fisica, era molto di più …

"Sei bellissimo, stasera" gli disse arrossendo, per giustificare quegli sguardi.

"Anche tu, con questo vestito mi fai impazzire. E poi dicono che le bionde in rosso non stanno bene! Tu sei un sogno meraviglioso"

"Non pensavo di sentirti dire queste frasi, sai?"

Aaron si rabbuiò. Io confronto con Carlo era evidente: Carlo era l'artista sensibile e lui un animale da letto. "Non sono mai stato troppo romantico, la mia natura passionale tende a passare velocemente ad altro, ma tu sei così dolce che …".

Aaron scosse la testa. No, non era solo la dolcezza di Anita, lei aveva qualcosa di speciale che lo spingeva a diventare persino romantico, anche se non lo era mai stato. Che cosa avesse Anita di diverso dalle altre era evidente per certi aspetti, ma non bastava a spiegare perché fosse così preso da lei: c'era qualcosa in lei che rubava il cuore di Aaron e che lui stesso stentava a decifrare. Forse era il contrasto tra l'aspetto d'angelo e il corpo conturbante, tra il romanticismo a tratti ingenuo e la sensualità complice del tango, tra la donna che amava lasciarlo comandare e la donna che sapeva tenergli testa. Forse.

Non avevano ancora fatto l'amore, nonostante fossero una coppia da dieci giorni. Anita era vergine e proveniva da una storia importante e Aaron voleva che fosse lei a sciogliere le riserve: certo non pretendeva che Anita gli chiedesse esplicitamente di fare l'amore, data la timidezza che ancora aveva nei suoi confronti; ma c'erano tanti segnali possibili e Anita non gliene aveva lanciato nessuno.

Quella sera però Anita lo guardava con tanta adorazione che era impossibile per Aaron non immaginare di proseguire quello che aveva iniziato tante volte, a cui si era avvicinato tante volte, da cui si era ritratto pur a fatica, comprendendo che Anita non era ancora pronta per quel passo.

Infatti, pur essendo in balia di Aaron, Anita aveva timore di cedergli del tutto, sentirsi così in suo potere l'affascinava ma anche la spaventava: aveva otto anni più di lei, esperienza da vendere, forte sensualità latina … Cosa sarebbe rimasto di lei se avessero fatto l'amore?

Solo a pensarci le scappò un sospiro e Aaron scoppiò a ridere. "Cosa stai immaginando che ti fa sospirare in quel modo?" le chiese fermandosi ad abbracciarla, guardandola negli occhi con uno sguardo divertito.

Anita si morse un labbro abbassando gli occhi, come una bambina colpevole e Aaron le sollevò il mento, aumentando così la sua confusione. "*Pensamientos prohibidos*?" le chiese muovendo delicatamente i pollici sotto il suo mento.

Anita annuì, suo malgrado. Ogni volta che la guardava con quegli occhi così neri, Anita non riusciva a recuperare il controllo, le faceva letteralmente sciogliere le ginocchia.

"Non c'è niente di male, tesoro. Siamo adulti e ci piacciamo" sentenziò Aaron tranquillo. E Anita, di fronte a quella maschia sicurezza, si sentì ancora più bambina.

"E' solo che non mi sono sentita così in balia di qualcuno. Con Carlo ero tranquilla, rilassata, con te sono sempre in fibrillazione, tutta agitata" provò a spiegare.

"Perché Carlo sostanzialmente era solo un amico. Lo desideravi, certo, ma inconsciamente sapevi di essere al sicuro, perché certe cose non sarebbero mai successe (e, francamente, anche se fossero successe, dubito che saresti stata sconvolta dall'impeto della sua passione!). Con me è diverso: sai che rischi grosso!" concluse ridendo.

Poi aggiunse serio: "Mi piaci tanto, più di quanto tu riesca ad immaginare. Non voglio che tu abbia paura di me, Anita. Non farò mai qualcosa che non desideri". Ma Anita sapeva bene che cosa desiderasse e desiderava proprio ciò di cui aveva timore.

Mi piaci tanto, le aveva appena detto, ma era sul piano della sensualità o c'era qualcos'altro? Gioia le aveva raccontato che Aaron aveva avuto tante ragazze (e non c'era da meravigliarsi, data la sua bellezza): eppure non si era innamorato di nessuna. Perché avrebbe dovuto innamorarsi di lei, che era così inesperta, così bambina? Invece sarebbe così facile che accadesse a me, pensò Anita. Anzi forse è già accaduto, aggiunse spaventata.

Arrivati a casa di Aaron, Anita lo vide posare la giacca su una sedia con gesti calmi e misurati e poi gettare le chiavi sul tavolo. Poi le si avvicinò lentamente, gli occhi fissi nei suoi. "Andiamo di là a giocare?". Gli occhi neri, così ardenti, promettevano scintille e Anita sentì i brividi solo a guardarlo. "Di … là?". Significava inequivocabilmente letto! Ecco perché quella sera Aaron l'aveva condotta a casa sua! Il cuore prese a batterle all'impazzata.

"Sì, per stare più comodi. Può succedere anche su quel tavolo, Anita. Letto non significa niente" disse Aaron sfacciatamente, intuendo i suoi pensieri.

"Coraggio, vieni". Aaron non attese risposta, la prese per mano e la condusse in camera.

"Aiuto, adesso che succede?" la prese in giro vedendo gli occhi sgranati di Anita.

Poi cominciò a spogliarla così lentamente da farle salire il tormento e la smania di impazzire cominciò a montare, prendendola a tradimento. Accadeva ogni volta che la sfiorava e ogni volta era più intensa, notò Anita spaventata. Ma stavolta non c'era niente a fermarli, erano soli e c'era un letto proprio dietro alle sue spalle, segno inequivocabile delle intenzioni di Aaron.

Aaron le passò dita leggere sui fianchi, facendola muovere al ritmo delle sue carezze, tra brividi di piacere e solletico. Infine la spinse delicatamente contro il letto, accompagnandola poi sul materasso e distendendosi accanto a lei.

Anita aveva il fiato corto: le dita di Aaron infatti continuavano il loro percorso, su e giù, dallo stomaco all'ombelico ai fianchi, togliendole la forza di ragionare. Era sempre così, quelle mani erano immensamente afrodisiache e sapevano come muoversi, come renderla una torcia incandescente.

Senza che nemmeno se ne accorgesse era già in biancheria intima e Aaron le stava slacciando il reggiseno. Anita sospirò imbarazzata sentendosi nuda, esposta al suo sguardo fin troppo bramoso e Aaron le sorrise ironico.

Poi strinse le dita sui capezzoli e glieli solleticò, ipnotizzandola con i suoi occhi neri: prova a resistere, le dicevano quegli occhi incandescenti. No, non riusciva a fermarlo, non riusciva a fermarsi: quelle mani, quegli occhi, quel viso meraviglioso la trascinavano sempre più giù, verso un gorgo di lussuria.

"Sei già così accaldata …" le sussurrò, sentendola gemere e sussultare per l'ennesima volta.

"Guarda che contrasto, la mia mano abbronzata sulla tua pelle di luna". Anita obbedì al comando, ma vedere la bella mano affusolata di Aaron sul suo corpo, diede una sferzata ai suoi ormoni, facendoli impazzire. Lussuria, quella era pura lussuria, pensò confusamente, incantata dall'erotica visione.

Aaron, consapevole dell'effetto che aveva ottenuto, le catturò la bocca in un bacio avido e sensuale, per poi tempestarle di baci il mento, la gola e, infine, passare la lingua sui capezzoli, prendendoglieli delicatamente tra i denti. Anita fremette, deliziata ed eccitata, poi sentì la lingua di Aaron leccarle l'incavo dell'ombelico e si contorse in preda al desiderio.

"Oddio, non ce la faccio più!" ammise Anita dimenandosi sotto di lui.

"Lo so, lasciati andare. Sei così bella" le rispose Aaron sollevandosi incantato a guardarla: gli occhi febbrili per l'eccitazione, le guance arrossate, i capelli sparsi sul cuscino. Era davvero bellissima, con quello sguardo offuscato dal desiderio ed era lui ad aver provocato quell'effetto.

Aaron riprese la sua esplorazione, risalendo dal basso e alternando baci e carezze: le caviglie, le ginocchia, le cosce, mentre il controllo di Anita cedeva pericolosamente.

Aaron si interruppe, giusto per farsi desiderare e si scostò un attimo, per sbottonare la camicia e sfilarsela. "La temperatura comincia a farsi rovente" commentò, poi scoppiò a ridere di gusto di fronte all'espressione di Anita: aveva una risata maschia, vibrante anch'essa di sensuali promesse, tutto in lui recava il segno della passionalità più ardente.

Anita conosceva ormai i muscoli che rivestivano il corpo di Aaron ma era appena la seconda volta che lo vedeva senza camicia ed ebbe comunque un capogiro per il turbamento; poi sobbalzò spaventata quando Aaron si distese di nuovo vicino a lei.

"Che sciocchina che sei" - commentò - poi la baciò, un bacio carezzevole e dolce, fino a che non la sentì rilassarsi.

"Va meglio?"

"Sì"

"Perfetto, allora riprendiamo. Dove ero rimasto?". Un suono inarticolato le sfuggì dalle labbra quando le dita di Aaron si insinuarono sotto il bordo delle mutandine, per togliergliele; poi Aaron richiuse le labbra sul clitoride, iniziando a lambirlo.

Nessuno aveva mai osato tanto con lei ed era talmente eccitata da quella bocca stupenda ed esperta che non capiva più niente.

"Ti prego, ti prego, non ce la faccio più!" agonizzò poi ad un passo dal delirio, contorcendosi tutta.

Aaron, per tutta risposta, spinse due dita dentro di lei muovendole in circolo; e Anita esplose, scossa da un orgasmo così intenso da urlare ripetutamente il suo piacere.

Anita riemerse dal paradiso, ma soltanto per essere catapultata in un altro sogno: le braccia di Aaron strette attorno al suo corpo, quei muscoli tonici che sembravano proteggerla ma si sfregavano contro il suo seno, la peluria di Aaron che le solleticava i capezzoli, la consapevolezza di essere completamente nuda tra le sue braccia.

Lo guardò, il viso stupendo, l'espressione sensuale, maschio dalla testa ai piedi: un dio dell'amore pronto a svelarle tutti i segreti della lussuria. Anita si mosse lentamente, cercando senza nemmeno accorgersene un contatto più profondo con il corpo di lui.

Aaron intanto continuava a tormentarla: giocherellava con le sue natiche, le massaggiava le cosce, tormentava l'aureola intorno ai capezzoli.

E, soprattutto, la guardava negli occhi: un solo sguardo di quegli occhi neri la scioglieva come gelatina e Aaron, con la sua esperienza, lo sapeva benissimo.

Non riusciva più a resistere, ammise confusamente Anita, mentre ogni volontà di fermarsi si dissolveva e cresceva soltanto il desiderio di avere di più, di vedere dove potesse arrivare la passione, fino a dove potesse condurla Aaron. Ad un nuovo sapiente tocco di Aaron cominciò ad implorarlo, a supplicarlo, a chiedergli di portarla in paradiso.

"Sì, lasciati andare" la tentò Aaron, portandola di nuovo vicina all'orgasmo e scostandosi poi sul più bello, al punto da provocare una protesta da parte di Anita. "Scusa, ma i pantaloni cominciano a stringere" disse con aria maliziosa e tolse tutto, mutande comprese.

"Lo vedi cosa mi fai?" le sussurrò tornando di nuovo da lei e indicando la propria gloriosa virilità.

"Aaron, sei ..." commentò Anita, sgranando gli occhi. Un armonioso insieme di muscoli, forza, trionfale mascolinità e sensualità si offrì al suo sguardo, mentre gli occhi neri di Aaron brillavano di divertimento.

"Non hai mai visto un uomo nudo?"

Anita scosse la testa.

"Ti piaccio?" le chiese scherzosamente, fin troppo sicuro della risposta.

"Sì ..." gli rispose timidamente.

Aaron aprì un cassetto e ne tirò fuori un profilattico, mentre Anita si tendeva come una corda di violino. "Questo è necessario" commentò sbrigativamente Aaron, infilandoselo.

Finché era in balia della seduzione di Aaron, Anita era pronta a scavalcare tutte le sue paure, ma non appena Aaron si scostava e la lasciava raffreddare, i timori tornavano. E in quel momento Anita stava letteralmente tremando per l'agitazione.

"Rilassati" le sussurrò Aaron poco dopo, scivolando sopra di lei, accarezzandole il viso, baciandola dolcemente, guardandola negli occhi.

Le stava forzando la mano, prendendo la situazione di petto, perché sapeva che le riserve di Anita erano solo titubanze infantili, non certo mancanza di desiderio. E non ne poteva più di fermarsi alle carezze, la voleva con tutto se stesso.

"Ho paura" balbettò Anita, incapace di rilassarsi.

"Paura di cosa? Oh andiamo!" le rispose quasi spazientito. Non era facile per lui controllarsi: Anita era stupenda e possedeva una sensualità calda e appassionata quanto la sua; e, soprattutto, voleva esattamente quello che voleva lui: essere comprensivo e gentile si stava rivelando una fatica immane.

Aaron mosse lentamente il bacino, l'erezione premeva contro il ventre di Anita e il corpo di lei si inarcò irresistibilmente; quel contatto provocante e quei movimenti sapienti nonostante tutto le davano alla testa e la portarono ben presto dove voleva Aaron.

"Ti prego ... ti prego ... adesso!" gemette vicina ad una nuova esplosione.

"Sì, *mi vida*. Proprio adesso". Ed Aaron cominciò a spingere dentro di lei. Anita gemette stordita, ma un attimo dopo la paura, l'emozione e il dolore la costrinsero ad irrigidirsi.

"Stai morbida, *mi amor!*".

"Ahi!". Era talmente rigida che era impossibile non farle male, pensò Aaron stranamente intenerito.

"*Mi amor*, è tutto finito, rilassati" le disse Aaron con dolcezza, accarezzandole il viso, guardandola. Anita aveva gli occhi dilatati come una bambina spaventata: improvvisa venne una stretta al cuore, nacque in lui una voglia infinita di proteggerla, di prendersi cura di lei, di renderla felice. Desideri pericolosi, molto pericolosi pensò confusamente.

Aaron la baciò con dolcezza infinita, poi con un'abilità ed un'esperienza tali da spingerla a gemere di piacere contro le sue labbra, a dimenticare le sue paure e, finalmente, a rilassarsi.

Le dita di Anita cominciarono a vagare sulle spalle disegnate di lui, lungo la schiena forte, scivolando su quei muscoli di bronzo; e, all'improvviso, Anita sentì un calore bollente diffondersi nel suo corpo, impedendole quasi di respirare, travolgendo i suoi sensi come una droga.

"Oddio!" boccheggiò infatti.

"Sì, *querida*, così …", le sussurrò Aaron.

Adesso Anita sentiva con ogni cellula del suo corpo la deliziosa pressione dei movimenti di Aaron; era così forte dentro di lei, eppure delicato!

L'eccitazione schizzò alle stelle e Anita sentì il suo corpo contrarsi e cercare quello potente di lui. Aaron rispose subito all'urgenza del suo desiderio, le spinte divennero più decise, i movimenti più fluidi.

"Mi piace da morire!" urlò Anita, cercando smarrita gli occhi neri di Aaron, mentre il piacere esplodeva in lei con ondate intense, trascinandola in un attimo al limite.

"Lo so, ti sento *mi vida*" le rispose Aaron, muovendosi più veloce, guardandola impazzire.

Adesso Anita si muoveva all'unisono con lui, stringendogli i glutei, spingendolo istintivamente dentro di sé, danzando la sua stessa danza selvaggia.

"E' così bello!" gemette ancora. "Sì, da morire" ansimò Aaron cominciando a perdere il controllo.

Aaron spinse a fondo fino a unire completamente i loro corpi, aumentando il ritmo, togliendole il fiato, portandola di nuovo oltre l'abisso, facendola urlare di nuovo di piacere.

Infine, gridando il suo nome, anche Aaron si lasciò travolgere da una lunga ed appagante estasi.

Aaron si spostò lentamente, poi avvolse il preservativo in un fazzoletto. "Scusa se ti ho fatto male, piccola" le disse tornando subito ad abbracciarla.

"Scusa tu … mi sono comportata da sciocca, ho reso tutto più difficile perché avevo paura. In realtà il dolore è durato pochi secondi. Spero di non aver rovinato …"

"Mi hai fatto una tenerezza infinita" la zittì Aaron.

"Sei così bello, così esperto, così meraviglioso …" mormorò Anita riempiendosi gli occhi di lui, di quel viso perfetto, di quel corpo stupendo. E cominciò, senza pensare, ad accarezzarlo, a bearsi di quel giocattolo nuovo che era tutto suo.

Aaron si sistemò meglio sulla schiena e incrociò le braccia sopra alla testa. "Divertiti pure, esplora, scopri" la invitò ironico. E Anita continuò la contemplazione, riempiendosi le mani di potenza e di seta. Poi cominciò a baciarlo, ad assaporarlo, inebriandosi. Era completamente in estasi …

"Anita … non sono un manichino" gemette Aaron.

"Okay" gli disse e sedette ingenua e bellissima a cavalcioni su di lui.

"Okay?! *Madre de Dios* – esclamò Aaron, estasiato di fronte a quella visione - Sarà meglio mettere un altro profilattico".

Poi rimase seduto, con Anita in braccio e scese con una mano sulla natica, accarezzandola con tocco leggero e scivolando poi in avanti con le dita.

Anita sobbalzò. "Cosa stai facendo?"

"Gioco. Proprio come te" le rispose; poi osservò compiaciuto: "Ti stai eccitando di nuovo. Che birichina". E mosse l'altra mano per tormentarle il clitoride.

"Oh mamma …"

"Cosa c'è, *querida*?" le chiese canzonatorio, ben consapevole dell'effetto che le facevano le sue carezze. Gli occhi ardevano e la voce era da brividi.

"Per favore …"

"Per favore cosa, *mi corazon*?"

"Ti … voglio". Non le importava nulla, se all'inizio faceva un po' male, ormai sapeva quanto fosse bello dopo.

"Che donna insaziabile!" borbottò Aaron, come se la cosa gli dispiacesse tremendamente; poi la prese per i fianchi e la penetrò, strappandole subito un urlo di piacere.

Aaron si mosse lentamente, ma ben presto – vedendo che non c'era proprio bisogno di andare piano - passò ad una serie di affondi sempre più ravvicinati, sempre più decisi, cavalcando con lei fino al paradiso.

CAP 8

"Gioia" Gioia! Gioia!"

"Calma! Che diavolo è successo? Mi rompi i timpani!"

"Ho fatto l'amore con Aaron ed è stato … un sogno!"

"Non ne dubito, sa il fatto suo. Comunque parla piano, siamo in un luogo pubblico" disse Gioia ridendo. In effetti sua sorella sprizzava felicità da ogni poro ed era ancora più bella.

Poi Anita cominciò a raccontare, intervallando ogni tanto con qualche sospiro o sorriso estatico il suo racconto.

"Grazie di avermelo presentato, non potrò mai ringraziarti abbastanza. Ma forse lo avrei conosciuto comunque, quando una persona è destinata a te, niente e nessuno può …"

"Okay, però adesso frena. Per il tuo bene, frena"

Anita si rabbuiò subito. "Perché? Ti ha detto … qualcosa?" chiese con la disperazione negli occhi.

"No, non mi ha detto niente, ma sei partita per la tangenziale e non è positivo. Non lo era con Carlo, perché non ti rendevi conto della situazione e non lo è con Aaron. Sono appena dieci giorni che siete insieme e non basta fare l'amore una volta per dire che è l'uomo della tua vita"

"Oh no, Gioia, lui è perfetto e io … ho bisogno di lui per essere felice"

"Sei nei guai, Anita. E, se va male con Aaron non ho nessuno da presentarti" commentò Gioia con aria preoccupata.

"Gioia, parla chiaro, perché sei così pessimista?"

"Perché conosco Aaron, ha avuto una sfilza di ragazze, tutte bellissime, tutte intelligenti, tutte piene di doti e non si è innamorato di nessuna. E' vero che tu sei mia sorella e, se fosse stata una cosa passeggera, non avrebbe fatto del male proprio a te; infatti l'ho visto molto coinvolto. Ma non dare per scontato un epilogo con i fiori d'arancio, va bene? Goditelo, sii felice, ma cerca di frenare sui sentimenti"

"Non posso farlo, Gioia. Potevi immaginare che finisse così, conosci me e conosci Aaron: era abbastanza ovvio che ci perdessi la testa dietro. E non sono capace di frenare sui sentimenti. Se è così inaffidabile non dovevi presentarmelo" osservò giustamente Anita.

"Io ero preoccupata per te, temevo che sposassi Carlo e fossi infelice per sempre; ho immaginato che Aaron ti piacesse e ho ottenuto quello che desideravo: hai aperto gli occhi su Carlo.

In cuor mio spero di vedervi insieme perché siete perfetti e mi ritroverei il cognato più simpatico del mondo; i miei dubbi sono dovuti al passato scapestrato di Aaron. Pensa che ogni tanto diceva che, a sentire parlare di amore, andava in choc anafilattico!".

Gioia vide la luce negli occhi di Anita che si spegneva, sembrava prossima alle lacrime. "Anita, molti uomini allergici all'amore sono felicemente sposati con quattro figli. E magari un giorno rideremo di questo discorso. Ho solo voluto metterti in guardia: tu sei una sognatrice e chi vola troppo alto finisce per bruciarsi le ali, tutto qui"

"Ho paura che sia troppo tardi, Gioia. Ieri ad Aaron non ho dato solo la mia verginità, ma anche il mio cuore"

"Okay, vedrò di parlargli"

"No! Cosa vuoi dirgli?"

"Semplicemente indagare un poco. Immaginerà che mi hai raccontato tutto, vedo di capire a che punto è e gli ricordo che sei mia sorella. Ovvero lo avverto che, se ti fa del male, dovrà vedersela con me".

E, salutata sua sorella, Gioia chiamò subito il suo amico per dargli appuntamento durante la pausa pranzo.

"Ieri ti sei scopato mia sorella" esordì.

"Il tuo romanticismo e la tua delicatezza sono commoventi"

"Ha parlato Francesco Petrarca"

"Anita è la mia fidanzata e sentirti definire in modo così volgare quello che è successo non mi piace"

"Da quando sei così suscettibile?"

"Da quando … cosa diavolo vuoi, Gioia?"

"Anita è su una nuvoletta rosa e, sapendo con chi ha a che fare, sono giustamente preoccupata"

"Devi recitare un 'mea culpa', dolcezza. Sei tu che me l'hai presentata"

"Non ti avevo detto di portartela a letto, però"

"Era impossibile che non accadesse"

"Aaron, non farle del male, va bene?"

"Non lo faccio mai volontariamente. Non è colpa mia se le ragazze si innamorano di me con la facilità con cui bevono un caffè. Io sono sempre leale, non prometto nulla e non attacco lucchetti dell'amore in giro per la città"

"E allora sii chiaro anche con Anita, falle capire senza indugi che non la consideri la donna della tua vita, che non ne sei innamorato, che dura finché hai voglia di ballare il tango. E fa presto: mia sorella non è come le altre, ci mette l'anima"

"Lo so, l'ho sempre saputo. Quando hai chiesto il mio aiuto, ho fatto di tutto per starne fuori, proprio perché Anita è una ragazza sensibile, ma non ci sono riuscito: c'è qualcosa che mi spinge verso di lei, impedendomi di fare marcia indietro. E' come una calamita, impossibile resistere"

"Attrazione fisica" commentò Gioia lapidaria.

"A quella sono abituato, avrei saputo come gestirla. Qui è diverso. Non so cosa sia e non so perché, ma ci sono dentro fino al collo. Te l'ho già detto: assomiglia molto alla donna dei miei sogni"

A Gioia la risposta piacque molto e le sue preoccupazioni si attenuarono un poco.

"Cosa ti ha detto Anita? E tu cosa le hai detto? Conoscendoti devi avere avuto la delicatezza di un ippopotamo"

"Ha detto che ha bisogno di te per essere felice e io le ho fatto una descrizione fedele del tipo di uomo che sei stato finora, suggerendole di frenare i voli pindarici"

"Ma sei impazzita?"

"No, non sono impazzita e ti voglio bene come sempre, ma Anita ha perso la testa per te e tu sei fortemente allergico all'amore. Le due cose non sono compatibili"

Di solito, solo a sentire quella parola, Aaron cominciava a grattarsi la testa, a fare smorfie, a sospirare e a sbuffare. Ma quel pomeriggio Gioia vide stupita il viso di Aaron illuminarsi di un sorriso celestiale.

"Beh? Cos'è quella faccia da ebete?" chiese quasi commossa.

"Niente, ti voglio bene, Gioietta". E Aaron, dopo averle scoccato un bacio sulla fronte, se ne andò tutto felice.

"Come sta la mia piccola donna?" chiese Aaron, aprendo la porta ad Anita con un contagioso sorriso. Ma si accorse subito che qualcosa turbava la sua fidanzata: Anita, sempre sorridente, aveva gli occhi tristi e, molto probabilmente, aveva anche pianto.

"Tesoro! Cosa succede?"

"Gioia"

"Vieni, siediti qui in braccio da me e raccontami cosa ti ha detto quella strega"

"Oggi ci siamo incontrate e le ho raccontato quello che è successo ieri" disse Anita arrossendo.

"E lei ti ha aggredita dicendoti di divertirti e di non illuderti perché sono un brutto tipo. Beh, ha ragione: ho avuto un sacco di donne, ho spezzato tanti cuori e non mi sono mai innamorato. Il perfetto curriculum del fidanzato inaffidabile. Ma credo sia abbastanza normale, dato che le donne cadono nel mio letto con facilità; a mia discolpa posso dire di non aver mai ingannato nessuna: ci sono uomini che usano paroloni, fanno promesse, illudono e poi, da un giorno all'altro, lasciano. Io non l'ho mai fatto, anzi sto bene attento a non dire cose di cui poi pentirmi"

"Non è molto consolante. Il risultato è lo stesso: prima o poi finisce" affermò Anita col cuore stretto.

"Ma se una donna capisce che tipo di rapporto le sto offrendo, non dovrebbe metterci il cuore, ti pare?" le disse con una dolcezza che, per qualche oscuro motivo, le fece ancora più male.

"Questo discorso è forse un modo per farmi capire che anche questa è solo una storia di letto? Nel mio caso però non hai molto di cui andare fiero: sono la sorella della tua migliore amica, sono una ragazza seria, ero vergine ed ero fidanzata; inoltre ieri mi hai chiamato un sacco di volte *mi amor* e non credo che in spagnolo il significato sia tanto diverso dall'italiano …".

Il dolore e lo sforzo di non sciogliersi in lacrime di fronte ad Aaron rese il tono duro e Aaron si arrabbiò: "A quanto pare sono sotto processo! Prima con tua sorella, adesso con te!"

La preoccupazione di quello che poteva aver detto Gioia, prevalse sul dolore: "Oddio che cosa ti ha detto Gioia?"

"Voleva solo avvisarmi, farmi venire sensi di colpa, ricordarmi che sei sua sorella, in breve proteggerti dal mostro qui presente. Gioia è nata per fare il direttore d'orchestra, vuole dirigere le vite altrui!"

"A quanto pare con me ha ragione: sono passata da un tipo sbagliato per un motivo ad un tipo sbagliato per il motivo opposto!" esclamò Anita con il pianto nella voce.

"Senti, io sono sincero e non sarei credibile se, dopo dieci giorni, parlassi d' amore ma …".

Aaron fece una pausa e le sollevò il mento per guardarla negli occhi: il dolore di Anita suo malgrado gli strinse il cuore in una morsa e la voce divenne carezzevole.

"C'è qualcosa di meraviglioso che mi spinge verso di te e va ben oltre l'attrazione fisica, qualcosa che non ho mai provato prima, sensazioni e sentimenti nuovi che non so dove porteranno, anzi temo di saperlo. Per questo ti ho chiamato *mi amor*, perché è la cosa più vicina all'amore che io abbia provato"

Anita sentì il cuore che scoppiava di gioia a quelle parole e sorrise, regalando ad Aaron un'altra fitta al cuore.

"Oh tesoro" gli disse abbracciandolo teneramente e Aaron sentì l'anima che gli tremava a sentirsi chiamare 'tesoro' da lei. Accidenti, stava diventando un rammollito, brontolò dentro di sé.

Frenare? Ormai non era più possibile, il fiume era esondato e le emozioni straripavano in lei travolgendola. Sull'onda del romanticismo aveva scambiato per amore il tenero sentimento che provava per Carlo, ma adesso sapeva bene che non lo era.

Leggeva invece con incredibile lucidità tutti i passaggi che l'avevano condotta a donare il suo cuore ad Aaron: era stato un colpo di fulmine, aveva sentito qualcosa di potente travolgerla fin dal primo istante. Poi, conoscendolo, aveva amato la sicurezza che sapeva infonderle, la saggezza che gli proveniva dal suo destino di immigrato, la passionalità dirompente e insaziabile, il romanticismo virile che affiorava talvolta, l'ironia sferzante, quel suo farla sentire protetta e coccolata e poi, quella bellezza maschia che avrebbe fatto innamorare Fidia … E' vero, forse era presto per definirlo amore, ma Anita era certa che tutti i grandi amori iniziassero così.

"Potremmo anche festeggiare la nostra prima litigata"

"Sei arrabbiato con me?" si meravigliò Anita.

"No, ma mi piace un sacco l'idea di fare la pace" le disse malizioso.

In piedi, dietro di lei, Aaron fece scorrere il palmo lungo le sue gambe e gliele scostò con un gesto delicato; poi le passò la lingua dietro le ginocchia per poi risalire, lento e inesorabile, all'interno delle cosce. Un tormento insopportabile … Quando Aaron le premette delicatamente il clitoride, Anita non seppe trattenersi e gridò per il piacere che la stava sommergendo.

"Uh, come siamo eccitate!"

"Mi fai impazzire così!"

"Lo so, *mi amor*"

Le sue dita esperte si insinuarono dentro di lei, poi si ritrassero per tornare ad affondandogliele sempre più in profondità, mentre Anita naufragava in un gorgo di piacere inarrestabile.

Poi, un attimo prima che esplodesse per la seconda volta, Aaron l'afferrò deciso per i fianchi, la posizionò e la penetrò. Quindi iniziò a muoversi allontanandola e avvicinandola ad un ritmo incalzante.

"Oddio, non resisto!"

"Non devi resistere, devi solo godere, urlare e farmi sentire quanto ti piace … Sì, così, brava"

CAP. 9

"Anita?". Quella non era la voce maschia di Aaron, bensì quella dolce di Carlo.

"Carlo!"

"Non ti sei più fatta sentire"

"Hai ragione"

"Possiamo incontrarci per un caffè? Ho molte cose da raccontarti"

"Certo, va bene".

Anita avvertì subito Aaron della telefonata e dell'incontro con Carlo. "Che diavolo vuole quello?"

"Stavamo per sposarci, Aaron, c'era un legame molto forte tra di noi. E sinceramente mi piacerebbe che rimanessimo amici"

"Sappimi dire com'è andata" ribatté Aaron sarcastico.

Geloso, maledizione era geloso di quel damerino tutto poesia che un tempo aveva l'amore della sua Anita. Che cosa voleva? Forse aveva risolto i suoi problemi e voleva tornare con lei? E Anita come avrebbe reagito?

Aaron ripensò a tutto quello che avevano vissuto in quei mesi, dalla sensualità più accesa, al divertimento puro, alla meravigliosa affinità di carattere … Però, maledizione, romanticismo ce n'era davvero poco, praticamente zero. Certo, la guardava molto negli occhi e non lesinava baci e coccole al chiaro di luna: ma finiva tutto lì. Che Anita avesse nostalgia delle poesie di Carlo? Oh accidenti, non era mai stato geloso in vita sua, non era mai stato così insicuro. Ah, quanto male faceva la gelosia!

E Aaron chiamò Gioia.

"Gioia, sto male"

"Aaron! Che diavolo succede?"

"Tua sorella ha un appuntamento con Carlo"

"Strano, non lo ha più nominato, però sarebbe stato scortese rifiutare un invito no? Ma tu perché stai male?"

"Ma non capisci? Lei lo amava e lui magari le butta fumo negli occhi con le poesie, le dice che è cambiato … e io la perdo! Non posso perderla, Gioia … E' troppo importante per me!"

"Primo, ad Anita non importa niente di Carlo e non si è mai pentita di averlo lasciato e poi con te è felice!"

"Sì, ma lei ha bisogno di romanticismo, di dolcezza … al punto da essere disposta a rinunciare ad una parte di sé molto importante! E se Carlo …"

"Aaron, stai farneticando perché sei geloso. Anita è pazza di te e non ti lascerebbe mai per Carlo"

"Se Carlo ha fatto una terapia e le offre romanticismo più sesso, lei ha tutto ciò che desidera"

"Anche tu sei romantico, anche se è un romanticismo virile e non sdolcinato come quello di Carlo; solo che hai solo paura che il romanticismo ti coinvolga troppo e lo concedi a piccole dosi. Avete ballato il famoso tango in spiaggia? Scommetto di no!"
"Okay, stasera tango in spiaggia. Se non è troppo tardi"
"Non lo è"
"E se lei non …?!"
Gioia scoppiò a ridere. "Aaron, sei una comica, davvero: vorrei registrarti per immortalare tutte le cretinate che stai sparando".

"Anita, ho voluto incontrarti per chiederti scusa. Io sono in terapia, perché quando mi hai lasciato mi è crollato il mondo addosso e mi sono chiesto che cosa avessi sbagliato. E avevi ragione tu, il sesso fa parte dell'amore, non è una cosa volgare. Ma avevo un amico che si è rivelato subdolo: Alfredo mi faceva il lavaggio del cervello perché era innamorato di me. Adesso non viviamo più insieme"
Anita non commentò, ma le si chiarirono tante cose. "Mi fa piacere che tu cerchi di risolvere i tuoi problemi, Carlo. Ti chiedo scusa anch'io, ho sbagliato a non dirti che soffrivo del tuo comportamento e a lasciare che il rapporto si logorasse"
"Ci hai provato, Anita. Ma non ero pronto a capirlo e la consideravo un'offesa. Tu hai qualcuno? Sei radiosa"
Anita arrossì un poco e rispose: "Aaron".
"Beh, era prevedibile. E' un uomo molto affascinante e fin dall'inizio c'è stato qualcosa di forte tra voi"
"Però non hai fatto nulla per impedirmi di vederlo, anzi"
"Non sapevo nemmeno io cosa stessi combinando, Anita. Avevo tanta confusione in testa. Ad un certo punto, per colpa di Alfredo, mi ero persino convinto di essere omosessuale"
"Forse semplicemente non ero la donna giusta per te, Carlo. Mi dispiace che tu abbia sofferto, sei una bella persona e meriti di essere felice"
"E Aaron è l'uomo giusto per te? Voglio dire: immagino che in certe cose dia il meglio di sé, ma se non va bene un rapporto asessuato, non va bene neanche una storia solo di letto. Sennò, alla prima avversità, gira l'angolo in cerca di un'altra; il sesso non è una base solida". Carlo, con la sua sensibilità, aveva intuito tutto, pensò Anita rabbrividendo.
"Aaron ha avuto tante donne e non si è mai innamorato. E' una storia molto intensa, ma non so dove mi porterà" concluse con tristezza.
"E tu sei innamorata pazza di lui" commentò Carlo con dolcezza.
"Sì, purtroppo"
"Beh, devo andare. Fatti sentire ogni tanto, ci siamo voluti veramente bene, abbiamo vissuto momenti molto belli e vorrei con tutto il cuore che rimanessimo amici"

"Non ho combinato niente al lavoro per colpa tua" disse Aaron, senza quasi salutarla. L'attendeva all'entrata della spiaggia, dove aveva programmato una passeggiata con possibile fuoco d'artificio finale.
"Colpa mia?"
"Certo, credi che mi sentissi tranquillo a saperti insieme all'uomo che avevi intenzione di sposare? Comunque, cosa voleva il tuo ex artista?" disse calcando ironicamente la voce sulla parola 'artista'.
"Non avere quell'atteggiamento, Carlo è una persona buona. Ha sofferto tanto e soffre ancora"
Lo difendeva pure! "Oh poverino, gli hai proposto di consolarlo? Adesso sai come si fa!"
Anita di istinto sollevò la mano per tirargli una sberla, ma Aaron fu lesto a fermarla. "Okay, scusa. Avevo programmato questa serata in modo completamente diverso. Volevo essere dolce e quasi romantico e invece infilo una frase sbagliata dietro l'altra. E' solo che ho trascorso una giornata d'inferno, non ho mai avuto tanta paura in vita mia"
"Paura di cosa?" gli chiese dolcemente Anita.

"Paura che mi dicessi che vuoi dare a Carlo una seconda possibilità, che è cambiato e gli vuoi ancora bene"

"Carlo voleva scusarsi con me, è in terapia ed ha capito tante cose. Mi ha chiesto soltanto di rimanere amici in nome del bel rapporto che abbiamo avuto".

"Meno male" sospirò Aaron. Poi la gelosia e la forza devastante del sentimento che ormai sapeva di provare per Anita lo spinsero a chiedere sottovoce: "Ma tu … avresti voluto che ti chiedesse di tornare?"

"No! Come puoi pensare una cosa del genere, Aaron? Ma non hai capito che …"

"Vieni, sediamoci". Sedettero sulla sabbia, le gambe incrociate, uno di fronte all'altra.

"Sono innamorato pazzo di te" le disse poi tutto d'un fiato, com'era nella sua natura impetuosa.

Anita impallidì e Aaron le accarezzò il viso, uno sguardo disperato, supplichevole, quasi fragile: ben diverso da quelli che Anita conosceva.

"Io ti amo, Anita – continuò - E più ti amo, più mi accorgo di quanto sono imperfetto: a letto me la cavo egregiamente, ma in altre cose … dovrò proprio cambiare registro".

"No, non cambiare, ti prego: non saresti così meraviglioso, non saresti l'uomo che amo. Perché io ti amo da morire, lo sai vero? Ti amo, ti amo, ti amo" gli disse tremando di emozione.

"*Te quiero,* Anita" ripeté Aaron sorridendo.

"*Te quiero,* Aaron", rispose Anita, gli occhi luminosi di felicità.

"Okay, allora possiamo anche … Un secondo … scusami, sono un po' frastornato".

"Cosa stai facendo?" rise Anita, vedendo Aaron armeggiare con il cellulare, poi sorrise riconoscendo le note di *Milonga de amor.*

"Te lo avevo promesso, no?" le disse Aaron, facendola alzare e trascinandola in un tango che esprimeva tutta la gioia, la passione, l'amore che sentiva per lei.

"Se ci avesse visto José, ci avrebbe cacciato dalla scuola" commentò poco dopo Aaron stringendola. In effetti, emozionati com'erano, avevano pasticciato con i passi, arrivando persino a pestarsi i piedi.

"Ma questo sarà sempre il tango più bello della mia vita" rispose Anita, sognante.

"Anche per me, *mi amor"*

"Solo che … io avrei in mente un proseguimento" ridacchiò Anita.

"Mi hai letto nel pensiero" sorrise Aaron malizioso, unendosi poi alla risata della sua fidanzata e trascinandola di corsa all'auto per tornare a casa.

"Dovremmo dirlo a Gioia" disse Anita, mentre Aaron guidava verso la sua abitazione.

"E a mio fratello e Fatima. Però non stasera, adesso pensiamo a noi. Domani organizziamo un incontro e rifiliamo a tutti i tuoi schifosissimi *churros!*" sghignazzò Aaron.

"Dovrai farti perdonare e dimostrare tutto il tuo pentimento per un simile affronto" brontolò Anita fingendosi arrabbiata.

"Sono a tua completa disposizione, *mi vida"* ribatté Aaron con un sorriso mozzafiato.

E Anita gli confessò: "Adoro il tuo bellissimo accento spagnolo! E' così sensuale, basta quello a farmi perdere la testa".

"Anita, sto guidando!"

"*Madre de Dios!*" esclamò poco dopo Aaron, mentre Anita si spogliava di fronte a lui. Nessun pudore, neanche abbassando e sfilando le mutandine.

Poi Anita si distese languida sul letto e gli sussurrò: "Fammi tutto quello che vuoi, *mi amor"*

"Dov' è finita la timidezza?" ansimò Aaron sconvolto, distendendosi accanto a lei.

"Ha importanza? Vieni qui, *macho!*". E Anita gli tese le braccia.

"Oh povero me!" si lamentò comicamente Aaron.

CAP 10

“Ho ricevuto proprio questa mattina un invito molto carino e, visto che ci siamo, vorrei unire l’utile al dilettevole”
“Cioè?” chiese Anita.
“Un funerale”
“Cosa?!”
“E’ morto un mio parente di cui ho scoperto appunto questa mattina l’esistenza e mia madre mi ha pregato di andare al suo posto. Così ho pensato che potremmo organizzare una piccola vacanza io e te …”
“Piccola vacanza?! Fino in Argentina?”
“No, più vicino, ad Atene. Molto annacquato ma ho un po’ di sangue greco nelle vene da parte di madre. Infatti sono bello come un dio” sghignazzò Aaron, mentre Anita non poteva far altro che unirsi alla sua risata e confermare.
“Devo chiedere al lavoro, spero mi concedano due giorni di ferie”

Giunti ad Atene a metà mattinata, si diressero subito verso l’Acropoli: avevano un solo giorno vacanziero, l’indomani c’erano il funerale e il ritorno.
Anita si meravigliò che il suo fidanzato argentino conoscesse la capitale greca come le sue tasche. Poi Aaron le svelò il mistero, ovvero un amico ateniese dei tempi universitari con cui aveva condiviso una pazza estate greca. E non si limitò a quello: le raccontò anche una serie di aneddoti non proprio degni di lode e la informò che quella era la strada delle coppiette.
“Quindi, quando un ragazzo si avvia per questa strada con una ragazza, lei sa già cosa l’aspetta”
“Più o meno”
“Se è un no, allora, è meglio che si fermi al massimo all’altezza del Museo dell’Acropoli!”
“A me nessuna ragazza ha mai detto no” sentenziò Aaron sbruffone.
“No, dai immaginiamo … Lui e lei si dirigono verso questa strada. Lui è il ragazzo che le piace da sempre e lei ha il cuore che le batte all’impazzata. Invece … non succede nulla!”
“Ma lei è carina o racchia?”
“Non importa, no? E’ … innamorata”.
Aaron capì che era meglio tacere. Nonostante si fosse un po’ sciolto, il romanticismo non faceva parte della sua natura se non in minima parte e sapeva invece quanto Anita fosse a volte sdolcinata. Doveva lasciare che ogni tanto si perdesse nei suoi voli pindarici, sennò ne avrebbe sentito la mancanza e lui desiderava darle tutto ciò di cui aveva bisogno.
Cominciarono a salire lentamente: Anita non aveva scarpe adatte a camminare tra le rovine, i ciottoli, i resti antichi. Aveva voluto essere elegante per Aaron e ogni tanto scivolava sulle pietre e doveva aggrapparsi al suo fidanzato, cosa che ovviamente non le dispiaceva per niente.
Poi si aprì ai loro occhi il maestoso porticato dei Propilei, con il tempietto di Atena Nike visibile attraverso le colonne. E infine, davanti a loro apparve l’Acropoli: a sinistra l’Eretteo con l’incredibile loggia delle Cariatidi, a destra il Partenone.
“Oh mamma …”
“Un colpo al cuore, vero?” sorrise Aaron: bastava così poco per renderla felice, non era poi così difficile. La sua natura di macho non era certo offesa da qualche piccolo cedimento al sentimentalismo, solo per accontentare la donna che amava.
Anita annuì senza parlare. Non voleva mostrarsi sentimentale, mettersi a piangere di fronte ad un tempio. Ma quello era il tempio dei templi, il simbolo della meravigliosa civiltà greca: le vennero in mente alcuni ricordi degli studi liceali e sentì un nodo alla gola.
Come Aaron cercava di far emergere tutta la dolcezza che aveva nel cuore per amore di Anita, così Anita cercava di essere meno sdolcinata per amore di Aaron. Né in fondo erano così diversi: Aaron era più romantico di quanto volesse ammettere, ma non gli sembrava un atteggiamento virile e lo

nascondeva; così come Anita era meno sdolcinata di quanto le piacesse essere, dato che il tango non era esattamente un ballo da romanticoni.

"Continuiamo la tua storia. Ecco, adesso sono seduti di fronte al Partenone e lei … lei si aspetta un bacio. Non è accaduto in odos Dionysiou Aeropagytou, ma adesso …"

"E invece …". Anita dovette schiarirsi la voce un paio di volte e Aaron sentì il cuore che perdeva un battito. "E invece … lui non la bacia, non le prende la mano nemmeno di fronte al Partenone" concluse poi lei riprendendosi.

"Abbiamo un duro, insomma. E quella poverina sta ad aspettare. Vieni, c'è una magnifica vista sulla città". Infatti pochi passi, lasciandosi alle spalle il Partenone, conducevano ad una terrazza panoramica. Atene scintillava di fronte a loro, inondata di luce; in fondo l'Egeo, col suo blu spettacolare, a rammentare la potenza navale della città.

"Vieni, c'è ancora l'Eretteo, non è finita. La nostra eroina ha ancora qualche speranza. Ecco qui lui potrebbe dirle che ha la grazia di una Cariatide" commentò Aaron.

"Sì, ma in Italia se dai della Cariatide a qualcuna, significa che è vecchia decrepita!"

"Accidenti, una volta che ero poetico! Non ci avevo pensato!" brontolò Aaron, mentre Anita rideva di gusto.

"Solo gli Elleni potevano dare ad una colonna il corpo di una fanciulla" commentò poi Anita sognante.

"E il nostro birbone non la bacia neanche qui?"

"Non lo so, non mi piacciono le storie che finiscono male" sussurrò Anita con un brivido e Aaron la guardò intensamente negli occhi: si riferiva a loro? Aveva ancora paura che la loro storia finisse?

"Il senso del tragico è insito in ogni uomo greco" esclamò Aaron fingendosi ispirato.

"Ma tu sei argentino e io sono italiana, quindi esigo il lieto fine"

"Lieto fine? Vuoi tornare subito in albergo?" ridacchiò Aaron. Poi la guardò con il sorriso negli occhi e se la tirò vicino per rubarle il respiro con un bacio da capogiro. La stringeva, le accarezzava i capelli e continuava a baciarla sempre più appassionatamente.

"Felice adesso?" le chiese poi con la voce ancora roca, tenendola ancora stretta.

"Sono sempre felice quando mi baci"

"Ma avevi paura che non lo facessi in questo momento così speciale, perché non sono romantico come te, vero? E ne saresti stata delusa: quindi hai architettato tutta la storia dell'eroina. Bastava chiedere sai?" intuì Aaron meravigliando Anita.

"Non sarebbe stata la stessa cosa" osservò giustamente Anita.

Poi risalirono per rientrare nel porticato dei Propilei ed uscire. Anita si volse a lanciare un'ultima occhiata all'Acropoli, un'istantanea da iscrivere nel cuore e ritrovare per sempre.

"So che non è un ragionamento politico, ma mi chiedo con che coraggio l'Europa chieda ai Greci di saldare un debito. Noi tutti siamo debitori alla Grecia per la sua straordinaria cultura. Voglio dire: come puoi guardare l'Acropoli e mettere in ginocchio il popolo che l'ha creata?" commentò Anita uscendo, ancora frastornata.

Aaron sorrise dolcemente. "Sei troppo sulle nuvole. L'Europa se ne infischia dell'arte, tutto gira intorno ai soldi. Secondo te Zio Paperone rinuncerebbe ad accumulare altri milioni di dollari in omaggio all'Acropoli?"

"Sss … Senti che musica!"

"E' il bouzouki, una specie di mandolino. Non ti piacerà quella roba, spero!" si lamentò Aaron.

"Ci fermiamo ad ascoltare per piacere?" lo supplicò Anita.

Poche note e il sirtaki si spense per lasciare spazio a "Memory" di Barbra Streisand. Tutte le emozioni soffocate sull'Acropoli, traboccarono ora, di fronte al vecchio signore che suonava quella melodia struggente, con quello strumento dal suono triste: Anita si sciolse, stavolta non riuscì a fermare le lacrime.

Aaron guardò Anita e sentì il cuore che si sfaldava. Non voleva certo lasciarsi commuovere dalle lacrime di una donna romantica; ma gli occhi di Anita pieni di lacrime, lo toccarono nel profondo. Anita non lo aveva fatto apposta, anzi: aveva abbassato il viso per nascondergli quel momento di debolezza. Aaron sollevò una mano a cancellare una lacrima dalla guancia di Anita, un gesto tenero, che non era nella sua natura. Un gesto che si trasformò in carezza, che si soffermò a tastare la morbida consistenza della guancia di Anita, per poi scivolare sulla nuca, a coccolare i capelli folti di lei; gli occhi neri di Aaron intanto si perdevano in quelli di Anita, come in un pozzo senza fine. Non era la prima volta che quegli occhi lo trascinavano nel loro liquido abisso blu, ma le altre volte era riuscito a ritirarsi in tempo; stavolta invece vi si lasciò annegare completamente.

"Ti amo da impazzire, lo sai? Vorrei stare con te per sempre" le sussurrò, facendola sciogliere e abbracciandola, spaventato dal significato profondo delle parole che aveva appena pronunciato.

"Vieni", le disse, la voce un po' roca, trascinandola lontano dal bouzouki, per salire in una stradina che costeggiava l'Acropoli e conduceva in una delle zone più caratteristiche di Atene: il quartiere Anafiotika, con le sue viuzze e i suoi colori che rammentano i villaggi delle isole Cicladi. E poi, piano piano, per un'altra viuzza caratteristica e vicoli ora chiassosi ora silenziosi, giunsero a Monastiraki, pulsante di vita e di bancarelle.

Lì Anita comperò souvenir che Aaron definì "vergognosi ed idioti", come l'occhio di Allah (un portafortuna greco), due civette simbolo della città e un abito da dea greca che Aaron le vietò tassativamente di indossare in sua presenza.

Poi mangiarono in un ristorantino caratteristico, con la compagnia di un gattino piuttosto sfacciato e di uno zingarello che cantava; e di nuovo Aaron sentì il cuore sfaldarsi vedendo Anita far scivolare delle monetine nelle mani del bimbo e regalargli una materna carezza. Per un attimo Aaron immaginò una piccola Anita, poi si stupì dei suoi pensieri: da quando lo solleticava l'idea di diventare padre?

Infine visitarono il maestoso tempio di Efesto, nell' Antica Agorà, meno famoso del vicino Partenone, ma incredibilmente ben conservato.

Trascorsero poi la sera tra le suggestive stradine di Plaka, nel cuore della città. Ogni tanto, da qualche scorcio, appariva l'Acropoli illuminata e ovunque si diramavano vicoletti intimi e angoli pieni di poesia.

"Non puoi certo dire di conoscere bene Atene, ma almeno te ne sei fatta un'idea: ti piace?"

"Devo tornarci, è semplicemente stupenda. E poi vederla con te … Sei l'uomo più meraviglioso del mondo" gli rispose Anita abbracciandolo e stringendolo poi con profonda tenerezza.

"E non ti ho ancora rivelato le mie doti migliori" sghignazzò Aaron entrando in hotel.

"Facciamo il bagnetto?"

"Bagno? Con … te?" chiese Anita arrossendo.

"Certo! Non vorrai perdere l'occasione! A casa ho solo la doccia" le rispose Aaron, che aveva già sfilato la camicia.

In cinque minuti, mentre Anita si spogliava, Aaron preparò la vasca e vi si immerse con un sospiro di pura beatitudine.

Con i capelli neri già umidi, il corpo bagnato conturbante e l'aria da predatore Aaron era splendido: Anita fu quasi intimidita da tanta bellezza; ma Aaron non notò lo sguardo perso di lei, era troppo occupato a divorarla a sua volta con gli occhi.

Quando Anita scivolò in vasca, sedendosi imbarazzata di fronte a lui, Aaron se la tirò immediatamente vicino commentando divertito: "Fai la timidona, Anita?".

Ma, stranamente, non aveva voglia di approfittare subito della situazione, quella sera desiderava prima di tutto farle sentire il suo amore; così la riempì di coccole, di baci, di tenerezza. "Mi fai sciogliere così" mormorò infatti Anita in estasi.

Poi, giusto per non smentirsi mai, Aaron la penetrò con un colpo secco strappandole un gridolino di sorpresa. "Credevi che avessi voglia di coccole per tutta la notte?" ridacchiò sfacciato muovendosi dentro di lei.

"Temevo di sì" rispose Anita di rimando provocandolo e guadagnandosi un morso sensuale.

"Sei una piccola peste col viso d'angelo" le sussurrò Aaron aumentando il ritmo: per tutto il giorno si erano riempiti di baci, di abbracci, di carezze e adesso l'urgenza del desiderio gli impediva di controllarsi. Poi la frizione dell'acqua, i corpi nudi allacciati e la chimica straordinaria che li univa finirono per incendiarli in un attimo: poche spinte incandescenti e tutto era concluso.

"Attenta a non scivolare, abbiamo schizzato acqua dappertutto!" rise Aaron, poco dopo, orgoglioso del motivo per cui il pavimento e le pareti del bagno erano pieni di spruzzi.

In quel momento, mentre trascinava gioiosamente Anita a letto, "dato che questo era solo un piccolo assaggio", Aaron stava toccando il cielo con un dito.

Poco dopo fu Anita a sfiorare il firmamento, poiché i giochi erano ricominciati: era bastato un sorriso di Aaron per confonderla tutta, fargli venire una voglia matta di baciarla e, di conseguenza, fargli muovere subito le mani. E, quando Aaron muoveva le mani, resistere era impossibile.

"Aspetta un secondo, amore"

Aaron allungò la mano per raggiungere il cellulare, digitò qualcosa, poi sorrise soddisfatto e posò nuovamente lo smartphone sul comodino. Un attimo dopo le note di *Milonga de amor* inondarono la stanza.

"Oddio quanto ti amo" esplose Anita, colpita dal gesto romantico.

"Guai a te se vai fuori tempo" la ammonì Aaron scherzosamente. Poi rotolò su di lei, sollevandosi sui gomiti e tenendole il viso tra le mani.

Guardandola Aaron entrò dentro di lei, poi cominciò a muoversi, seguendo il ritmo sensuale del tango.

"Aaron ..." gemette Anita frastornata: non capiva più nulla che non fosse il corpo di Aaron e quegli occhi neri che la guardavano languidi e appassionati.

"Ti prego ... adesso ... per favore!" lo implorò.

"Sono qui, *mi amor,* tutto per te. Vieni quanto vuoi" le sussurrò, incalzandola con una spinta di fuoco.

Scariche bollenti la travolsero e la trascinarono in un vortice senza limite mentre Aaron si muoveva dentro di lei, come piaceva a lei, assecondando il suo desiderio.

"Oh amore!" gemette Anita morendo di piacere, sconvolta dall'intensità di quello che stava provando.

"Sì tesoro, ancora ... E' così bello vederti così eccitata ... Oddio, Anita, io divento pazzo!" confessò poi, imprimendo al ritmo una folle impennata, fino alla devastante estasi finale.

Al mattino, vedere i capelli d'oro di Anita sul cuscino, fu per Aaron un risveglio stupendo: gli si spalancò letteralmente il cuore.

La avvolse in un tenero abbraccio e la riempì di dolci carezze; poi le mani scivolarono dappertutto e Anita ebbe il più sensuale dei risvegli.

"Oh ... sì!" furono le sue prime parole in quella mattina ateniese.

"*Kalimera!*" le rispose Aaron ridacchiando; poi, incapace di indugiare oltre, cavalcò con lei fino ad una nuova e prolungata estasi.

Aaron non pensava certo che i pericolosi pensieri che il giorno prima e quella mattina stessa aveva annegato in un piacere bollente ritornassero a galla anche durante il funerale! Infatti, anziché pensare al povero defunto, si emozionò all'idea di essere in chiesa con Anita e le lanciò sguardi languidi per tutta la cerimonia funebre. Le accarezzava teneramente il pollice, coccolandola e intenerendosi a guardare le loro mani intrecciate, la mente che fantasticava giornate piene di lei come quella che avevano appena trascorso, chinandosi ogni tanto con la scusa di sussurrarle qualcosa, soltanto per starle più vicino.

Assurdo, eppure proprio durante quel funerale Aaron ammise con se stesso di essere pronto al grande passo: forse era stata quella prima notte insieme o forse la rilassatezza della vacanza o il romanticismo dell'Acropoli e del bouzouki, pensò Aaron, stringendo convulsamente la mano di Anita. Poi la guardò di nuovo, ricevendone in cambio un dolce sorriso e comprese che, semplicemente, si era dato una svegliata ed aveva capito quello che aveva nel cuore da tanto tempo.

Pochi giorni dopo, a casa di Anita, c'era uno dei tanti incontri con i due argentini e Gioia.
"Scusa Anita, queste cose nere come si chiamano?" chiese Paulo trattenendo a stento una risata.
"*Empanadas*"
"Ah … non avevo capito. E' una variante italiana, vero? Buone … molto buone. Però sono un po' disturbato di stomaco, magari le mangio la prossima volta"
"Mi dispiace, se vuoi te le metto in una scatoletta, così le mangi domani a colazione"
"Perché vuoi che cominci male la giornata?" sghignazzò Paulo.
"Okay, questo era uno scherzetto di benvenuto. Adesso passiamo alla cucina italiana, quella mi riesce meglio" rise Anita.
"Aspetta Anita, vieni qui" la bloccò Aaron e se la tirò vicino, sorridendole dolcemente. Stranamente, notò Anita, aveva le mani gelide.
"Allora ragazzi, nonostante tutti i miei difetti, Anita è innamorata di me; giusto, amore?"
"Hai bisogno di chiederlo, Aaron?" sorrise Anita arrossendo.
"E, nonostante la sua cucina argentina sia improponibile e quella italiana appena commestibile, io sono innamorato pazzo di lei. Tanto pazzo che …"
Aaron si alzò, si inginocchiò di fronte ad Anita e le prese la mano. Con l'altra Anita tentò di asciugare le lacrime che cominciavano a scenderle sul viso, ma non ci riuscì.
"Anita, io ti amo così tanto che non riesco ad immaginare la mia vita senza di te e ho una paura folle che qualcuno migliore di me (e ce ne sono tanti) si renda conto di quanto sei meravigliosa. Quindi, di fronte ai testimoni più pazzi del globo, chiedo l'onore di diventare tuo marito. Che ne dici? Facciamo questa follia?"
La proposta era stata pronunciata con un tono leggero ma – volente o nolente – Aaron era emozionatissimo. E quando Anita, dopo aver ovviamente annuito, scoppiò in un pianto di pura emozione, se la prese tra le braccia, fingendo di consolarla, ma approfittandone per calmarsi lui stesso.
Poi Aaron le infilò una fedina, dedicandole uno sorriso così innamorato che Anita si sciolse in lacrime di nuovo, mettendo a repentaglio la calma appena riconquistata dal suo fidanzato.
"Oddio, quanto ti amo" riuscì a balbettare.
"Non l'ha presa tanto bene! Non fa che piangere!" commentò il solito Paulo, mentre Fatima gli tirava un calcio sotto il tavolo.
Aaron non aveva voluto che la proposta di matrimonio avvenisse in un posto speciale, per paura di beccare il medesimo luogo di Carlo o di essere, comunque, da meno. Era sicuro che Carlo avesse ingaggiato violinisti e sparso petali di rose o si fosse inventato qualcosa che lui non sarebbe riuscito ad eguagliare: così aveva pensato agli amici più cari, in un contorno di affetto sincero e di follia.
Però continuava ad avere pudore dei propri sentimenti e non gli andava di farsi vedere troppo sdolcinato, così il tenerissimo scambio di dolcezze con Anita avvenne sottovoce.
"Ti amo tanto, *mi amor*, non sai quanto - le sussurrò pianissimo – Mi hai rubato il cuore ed è bellissimo averlo affidato ad una persona come te, so che è in buone mani. Sei la gioia della mia vita, anzi sei la mia vita".
Nel frattempo anche Gioia, la dura, l'irriducibile, la guerriera, piangeva come una fontana. Fino a che, asciugandosi le lacrime, non diede la sua benedizione:
"Wow, mia sorella e mio fratello che si sposano!"
"Confessa, Gioia, sono il primo e unico uomo che ti ha fatto emozionare!" rise Aaron, riprendendosi dal momento sdolcinato.
"E sarai anche l'ultimo!" commentò qualcuno.

Poi Paulo arricciò il naso perplesso: "Ma cos'è questo odore?"

"Uh, ragazzi, temo di aver bruciato tutto! Bisognerà festeggiare al ristorante!" si scusò Anita ancora tutta emozionata, continuando ad abbracciare teneramente il suo Aaron.

E, chissà come mai, vergognose esclamazioni di giubilo in spagnolo e in italiano seguirono la comunicazione.

www.ingramcontent.com/pod-product-compliance
Lightning Source LLC
LaVergne TN
LVHW020100190726
843498LV00012B/1900